Les auteurs tiennent à exprimer leurs remerciements pour les conseils et l'aide donnés par :
Mr. Roy Lancaster of Hillier & Sons, Winchester, and Mr. H.J. Welch, auteur de 'Dwarf Conifers' Faber and Faber – Londres

L'éditeur remercie :
Mr. Adrian Bloom de Blooms Nurseries Ltd, Bressingham – Norfolk (Angleterre)
et M. P. Cuisance, Professeur à l'Ecole Nationale d'Horticulture
d'avoir bien voulu concevoir les textes de ce livre, de leur aide technique et leurs précieux conseils.

Il exprime sa reconnaissance à :
Mr. Warren pour son concours photographique qui nous a permis de compléter notre documentation pour l'illustration de ce livre.

Il remercie également de l'avoir autorisé à photographier des sujets isolés et des jardins :

Les pépinières SAINT-ANTOINE,
Ervy-le-Chatel (10)

Les Pépinières CROUX,
Val d'Aulnay à Chatenay-Malabry (92)

Les Pépinières COVEDOR,
La Thiau – Briare (45)

Les Pépinières DERLY,
Les Thilliers en Vexin (27)

ANGLETERRE :

Bressingham Gardens, Diss, Norfolk

Coombe Cottage, Naphill, High Wycombe
Buckinghamshire

'Foxhollow' Westwood Road, Windlesham
Surrey

Garden House Farm, Drinkstone
Mr. Bury St. Edmunds, Suffolk

Mr. R. Hawkins, Bridge Farm, Brent Eleigh
Lavenham, Suffolk

Jermyns Garden and Arboretum Jermyns Lane
Ampfield, Mr. Romsey, Hampshire
(Hillier & Sons Ltd)

The Pygmy Pinetum, Devizes, Wiltshire
(Mr. H. J. Welch)

The Royal Horticultural Society Gardens
Ripley, Wisley, Surrey

Talbot Manor, Fincham, King's Lynn, Norfolk

U.S.A. :
Longwood Gardens, Kennet Square, Pennsylvania

Page de garde avant

Vue d'un groupe très majestueux de conifères à grand développement dans le jardin des Pépinières Saint-Antoine à Ervy-le-Chatel.

De droite à gauche :

Chamaecyparis lawsoniana " Fletcheri ", Picca pungens " Kosteri ", Chamaecyparis lawsoniana " Stewartii ", Buis taillé en cône, Cupressus arizonica " Conica ", Thuja occidentalis " Pyramidalis ", Cedrus atlantica " Glauca ", Liborecedrus decurrens " Variegata Aurea ".

Page de garde arrière

Une vue de conifères nains et de bruyères dans le jardin de l'auteur.

LES CONIFÈRES ORNEMENT DE NOS JARDINS

LIBRAIRIE LAROUSSE
17, rue du Montparnasse
75006 PARIS

EDITIONS FLORAISSE
Z.I. - Avenue Léon-Harmel
92160 ANTONY

L'ouvrage "LES CONIFÈRES, ORNEMENT DE NOS JARDINS" nous parait un guide indispensable pour de nombreux amateurs. En effet, nous avons visité la plupart des pays d'Europe depuis quelques années et nous avons pu remarquer partout un manque de connaissances presque absolu sur les conifères : on ignore ce que sont ces remarquables végétaux et les conditions dans lesquelles il convient de les placer pour qu'ils puissent exprimer au plus haut degré leur beauté, leur charme et la noblesse de leurs formes majestueuses.
Dans le but de faire apprécier les conifères par le choix raisonné de leurs espèces et cultivars et par leur emploi convenable, nous avons rencontré d'éminents spécialistes parmi lesquels M. Adrian Bloom qui est un passionné des conifères, notamment des conifères nains.
Grâce à lui, nous avons pu visiter à l'étranger des jardins peu connus et dans lesquels il était difficile de pénétrer. Lors de ces visites nous avons élargi notre collection de photos en la complétant par celles d'exemplaires isolés et de plantations de différents types. Nous avons eu l'occasion de créer, dans ce domaine, une série très européenne.
Dans ce volume, nous nous sommes limités à parler des conifères de jardins parfaitement adaptés aux climats de la France continentale. Les conditions climatiques particulières de la zone méditerranéenne et son caractère original nous ont amené à prévoir un ouvrage séparé sur les plantes spécifiques de cette région et qui comprendra aussi les conifères que nous n'avons pas cru devoir citer dans ce livre.
Les "Conifères, ornement de nos jardins" ne cherche pas seulement à améliorer les connaissances sur les conifères et sur leur haute valeur décorative, de tous ceux qui s'intéressent aux jardins, mais il a l'ambition de susciter ou d'accroître le goût de l'homme pour la Nature. Les conifères constituent en effet l'un des éléments les plus représentatifs de notre environnement naturel. Connaître les conifères, apprendre à les aimer et à les soigner pour améliorer les conditions de vie de l'homme est ce qui donne à ce livre tout son sens.

ISBN 2 9 0006901 7 FLORAISSE
ISBN 2 03 074701 7 LAROUSSE

Que sont les Conifères ?

*Le mot conifère est issu du latin (*conus, *cône et* ferre, *porter) ; il signifie donc : qui porte des cônes. Botaniquement, les conifères groupent six familles de Gymnospermes : Céphalotaxacées, Podocarpacées, Cupressacées, Taxodiacées, Araucariacées et Pinacées dont les espèces ont des fruits en cônes, de grosseur et de forme variables, ou parfois des fruits charnus, semblables à des baies ou à des drupes par suite de la transformation des écailles, des bractées ou du tégument externe de la graine en tissus qui ne se dessèchent pas lors de la maturité du fruit (*Juniperus. Cephalotaxus*).*

Pratiquement, on classe aussi parmi les conifères une famille voisine, celle des Taxacées, et parfois même une famille plus éloignée, mais toujours du sous-embranchement des Gymnospermes, celle des Ginkgoacées, en raison de l'analogie que toutes ces plantes présentent entre elles.

On considère généralement les conifères comme des arbres toujours verts ; la plupart des espèces de ce groupe ont en effet un feuillage persistant, mais un petit nombre d'entre elles, les mélèzes par exemple, perdent leurs feuilles en automne.

Parmi les conifères, on trouve à la fois des plantes très naines et des arbres géants, comptant au nombre des plus grandes plantes ligneuses.

Ils peuvent atteindre un très grand âge et la variété des couleurs et des formes qu'ils présentent communique à tous les jardins qu'ils ornent un charme et un prestige incomparables.

Exemple de l'emploi attrayant de conifères nains et de végétation lente dans le Pygmy Pinetum, Devizes, Wiltshire...

LES CONIFÈRES

Les conifères tiennent une place de premier plan dans l'ornementation des jardins. On trouve parmi eux des arbres et des arbustes de taille et de port variés, d'une grande diversité de coloris et qui se prêtent à de nombreux emplois. Leur feuillage persistant chez la quasi-totalité des espèces est intéressant par la verdure qu'ils maintiennent dans les jardins pendant l'hiver, alors que les arbres "feuillus" de nos régions sont tous caducs.
Les feuilles des conifères sont relativement petites et réduites à des limbes linéaires et aplatis, à des aiguilles ou à des écailles. Pour les amateurs il est plus difficile de les identifier que les autres végétaux pour lesquels on dispose de plus nombreux éléments d'observation tirés des organes végétatifs et surtout des fleurs.
Un livre illustré de nombreuses et fidèles photographies et dans lequel sont consignés des indications précises sur le développement, les exigences culturales et le caractère de chaque espèce ou variété de conifère présentant un certain intérêt rendra de précieux services aux amateurs qu'il aidera à les utiliser dans les meilleures conditions et avec succès dans leur jardin.

Pour faciliter le choix des conifères, nous les avons d'abord classés en trois catégories selon l'importance de leur développement.

G. Arbres de grande taille.
M. Arbres moyens, de croissance lente, pouvant atteindre éventuellement plus de 6 à 8 m.
N. Arbustes nains et de croissance très lente, dressés ou prostrés.

De même pour chaque espèce ou cultivar, nous avons employé un symbole aussi représentatif que possible de la forme générale de la plante : pyramidal, en colonne, en flamme, semi-prostré, prostré. Nous donnons en même temps la hauteur moyenne de la plante à l'âge de dix ans et sa taille à l'état adulte.
Ex. *Chamaecyparis pisifera* 'Boulevard'
M 90–120 cm T.A. 3–3,50 m
Ces dimensions approximatives et purement indicatives peuvent varier sous l'influence de diverses causes notamment de la qualité du terrain et du climat.
De toute façon, cette division en catégories est nécessaire pour les conifères; lorsqu'on choisit un arbre, il est important de connaître son futur développement. On évite ainsi de planter un *Sequoiadendron giganteum* ou un *Cedrus atlan-*

... ainsi que dans le jardin de M. Adrian Bloom à Bressingham.

tica dans un petit jardin où il n'est pas à sa place. Qui n'a eu l'occasion d'observer un vieil if ou un sapin placé à proximité d'une habitation et en masquant complètement la façade, empêchant en même temps la lumière de pénétrer par ses fenêtres ? Un livre donnant des indications sur la taille des arbres et permettant de prévoir l'effet qu'ils pourront produire à différents stades de leur développement est donc particulièrement utile pour l'amateur.

COMMENT CHOISIR LES CONIFÈRES

Comme les autres arbres d'ailleurs, les conifères doivent être achetés dans des pépinières ou des gardens-centers sérieux, jouissant d'une bonne réputation ; on ne doit jamais se laisser abuser par une publicité abusive ou trompeuse.

L'avantage qu'on trouve à acheter des conifères dans un garden-center réside dans le choix qu'il est possible d'en faire et dans le fait que la plupart d'entre eux, élevés en containers, sont plus faciles à transporter et de reprise plus assurée que ceux qui ont été élevés en pleine terre. En revanche les espèces et variétés offertes à la clientèle sont parfois moins variées dans un garden-center que chez un pépiniériste spécialiste.

Quelle que soit sa provenance, un conifère doit être en bonne santé, avoir une belle forme et être bien fourni, c'est-à-dire garni de rameaux et de feuillage, en particulier à sa base. De nombreux conifères, les variétés de *Chamaecyparis lawsoniana* notamment, ne se regarnissent plus lorsqu'ils ont perdu le feuillage de leurs branches inférieures.

Si la plupart des pépiniéristes vendent des conifères, au moins ceux d'emploi courant, peu d'entre eux cultivent une collection complète de ces beaux arbres toujours verts. Il sera nécessaire de s'adresser à un spécialiste pour obtenir plusieurs espèces ou variétés décrites dans ce livre. Celui-ci n'est pas un recueil complet de tous les conifères cultivés, il a plutôt pour objet d'éveiller l'intérêt des amateurs sur les conifères en tant qu'arbres de jardins et de montrer le parti qu'on peut en tirer dans l'ornementation des parcs et des jardins dans les nombreuses utilisations auxquelles ils se prêtent.

NOMS DES CONIFÈRES

L'une des principales difficultés auxquelles se heurtent les amateurs est celle de la désignation des conifères, comme de toutes les plantes en général, par leur nom botanique qui est leur seul vrai nom.

La longueur du nom de nombreux conifères et la confusion apparente qui en résulte ne contribue certes pas à leur popularité. Cependant le nom correct d'un conifère est important à connaître car, dans les commandes, il évite de recevoir deux arbres différents sous une même appellation ou encore le même arbre sous deux noms différents.

Les noms communs paraissent plus pratiques, mais toutes les espèces n'en ont pas un et à plus forte raison toutes les variétés. Les noms botaniques admis dans tous les pays civilisés sont en définitive à préférer parce qu'ils sont compris universellement.

Jusqu'à ces dernières années une certaine confusion a régné chez les pépiniéristes qui n'étaient pas tous d'accord sur la nomenclature à adopter; récemment, des listes de noms de référence leur ont été proposées auxquelles se rapportent la plupart des pépiniéristes. Cette normalisation des noms apporte une plus grande exactitude et évite les erreurs.

Dans le présent livre, nous avons généralement adopté la nomenclature de l'ouvrage récent "Manual of cultivated conifers" par P. den Ouden et B. K. Boom qui fait autorité.

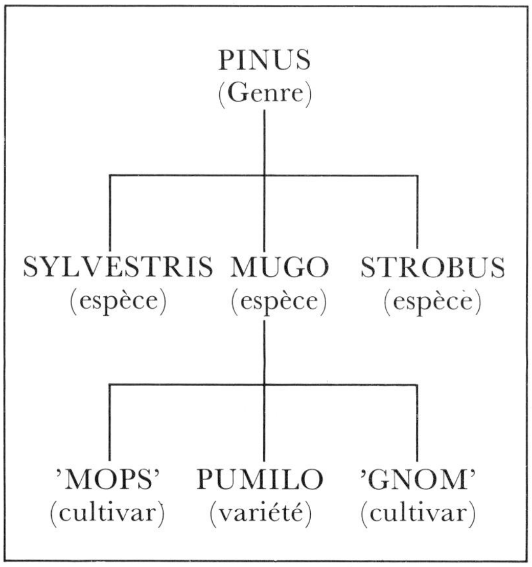

Rappelons que le nom d'une plante est formé de deux mots l'un désigne le genre, l'autre l'espèce. Ex. *Taxus baccata*.

Dans certains cas, fréquents chez les conifères, s'y ajoute un mot désignant la variété ou le cultivar (en abrégé CV.) : *Taxus baccata* 'Fastigiata'. Les deux premiers se présentent sous une forme latinisée, le troisième est exprimé en langue vulgaire, sauf pour les noms latinisés de cultivars donnés avant 1959 et qui ont été conservés sous leur forme originelle.

Les conifères comprennent de nombreux genres: *Abies* (sapin), *Picea* (épicéa), *Pinus* (pin), *Thuja, Chamaecyparis, Cupressus* (cyprès), *Juniperus* (genévrier), etc.

Les genres peuvent comprendre plusieurs espèces, comme le *Chamaecyparis* par exemple: *C. lawsoniana* (cyprès de Lawson), *C. nootkatensis* (cyprès de Nootka), *C. obtusa, C. pisifera,* etc.

Parmi les différents sujets d'une même espèce, il existe parfois des différences qui permettent de distinguer des variétés. Le *Chamaecyparis lawsoniana* en a produit plusieurs dizaines, très distinctes les unes des autres. Le terme variété est surtout employé pour désigner des variations naturelles de l'espèce qui peuvent se maintenir sans l'intervention de l'homme; on utilise plutôt le terme cultivar, synonyme de variété cultivée, pour désigner les formes horticoles obtenues en culture et qui ne peuvent se maintenir que par des moyens de multiplication végétative, par le bouturage ou le greffage, par exemple. Les variétés de *Chamaecyparis lawsoniana* dont il a été précédemment question sont donc réellement des cultivars.

On écrit comme suit le nom des conifères:
Chamaecyparis lawsoniana 'Ellwoodii'

Le nom du genre prend une initiale majuscule, celui de l'espèce une initiale minuscule, celui du cultivar placé entre guillemets simples ou précédé de l'abréviation CV. prend une majuscule. On reconnait ainsi aisément si la plante est une espèce type ou un cultivar de cette espèce.

Dans les publications, les noms de genres, d'espèces et de variétés botaniques s'écrivent en caractères italiques, tandis que ceux des cultivars s'écrivent en caractères ordinaires; aucune confusion n'est ainsi possible entre les cultivars et les espèces dont ils dérivent.

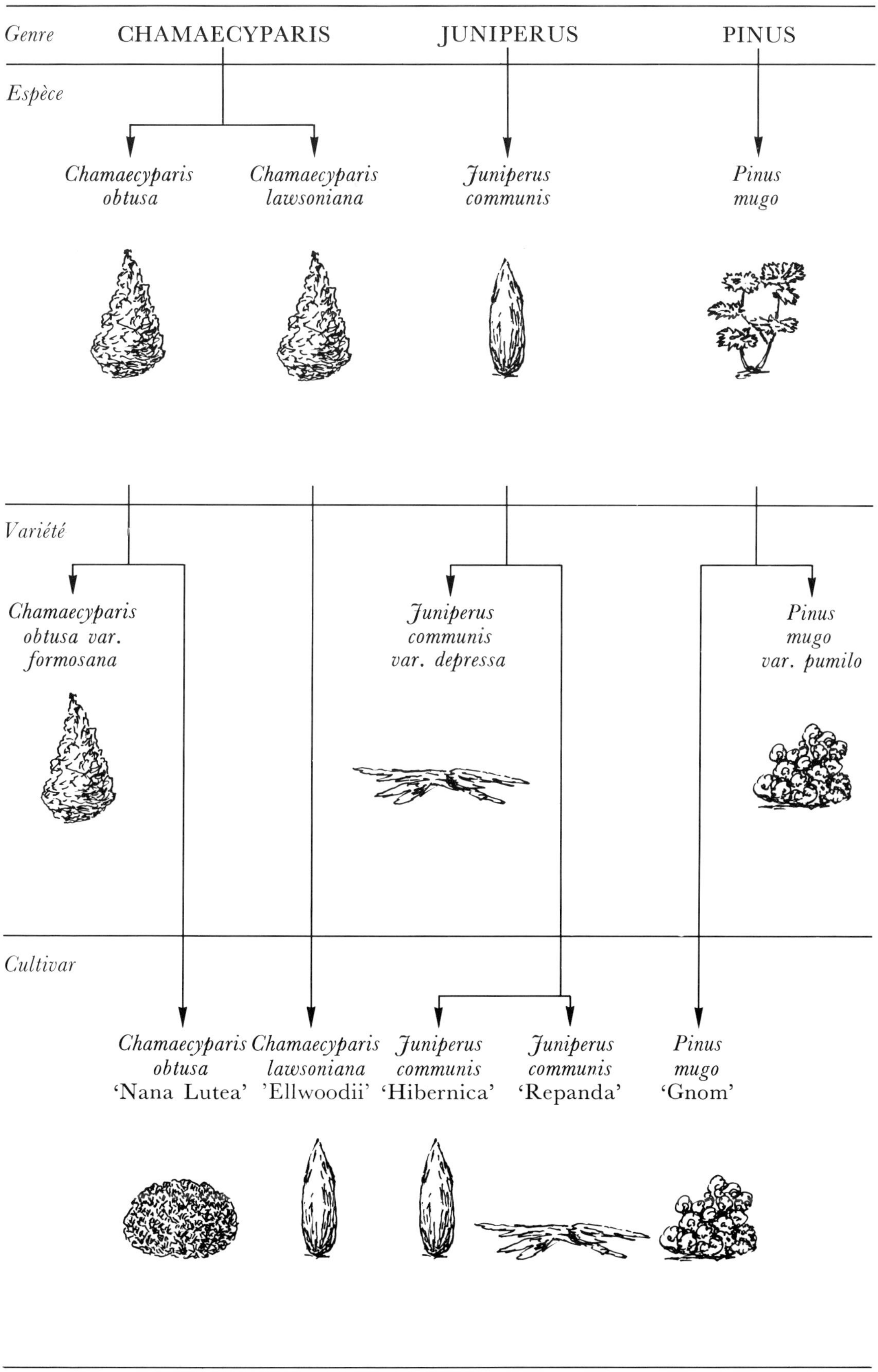
Genre
CHAMAECYPARIS
JUNIPERUS
PINUS
Espèce
Chamaecyparis obtusa
Chamaecyparis lawsoniana
Juniperus communis
Pinus mugo
Variété
Chamaecyparis obtusa var. formosana
Juniperus communis var. depressa
Pinus mugo var. pumilo
Cultivar
Chamaecyparis obtusa 'Nana Lutea'
Chamaecyparis lawsoniana 'Ellwoodii'
Juniperus communis 'Hibernica'
Juniperus communis 'Repanda'
Pinus mugo 'Gnom'

ORIGINE DES CONIFÈRES DE JARDIN

De nombreux conifères à pousse lente sont cités dans ce livre. Pour de nombreuses raisons, ils trouvent parfaitement leur place dans les jardins modernes. Il est peut-être nécessaire d'expliquer comment se produisent certaines de ces formes et de dire comment il se fait que certains conifères n'atteignent qu'une trentaine de centimètres en vingt ans alors que d'autres dépassent dix ou douze mètres dans le même laps de temps.

Certains cultivars proviennent de semis. A partir d'un semis de graines de *Chamaecyparis lawsoniana,* on peut obtenir des sujets différents entre eux par leur forme, leur taille ou leur teinte; c'est ainsi que sont créés de nouveaux cultivars. Si tous ne sont pas reproduits, ceux qui présentent quelque intérêt peuvent être multipliés par bouturage ou par greffage, moyens de conserver fidèlement les caractéristiques des cultivars.

Une autre source d'obtention de nouveaux cultivars provient des mutations; on appelle mutation une modification brusque apparaissant chez une plante et qui est à l'origine d'une nouvelle variété. Sans être très communes, les mutations ne sont pas rares chez les conifères, elles ont produit un certain nombre de cultivars dans beaucoup d'espèces, cultivars différents du type par le port, la forme, la compacité du feuillage ou son coloris, la rapidité de la croissance, etc. et parfois par plusieurs de ces caractères à la fois.

Les mutations se rencontrent d'autant plus fréquemment chez une espèce que celle-ci est cultivée depuis longtemps et qu'on en a obtenu de nombreux cultivars; ces conditions semblent favoriser les tendances de l'espèce à produire des mutations ou "sports".

Picea mariana 'Nana', *l'un des conifères dont la végétation est la plus lente, émettant une pousse vigoureuse qui est un retour au type spécifique. Si cette pousse n'était pas supprimée la plante se développerait rapidement et prendrait la forme adulte du spécimen photographié en dessous; celui-ci, qui a commencé son retour au type quatre ans auparavant, atteint maintenant 1,50 m de hauteur.*

On parle aussi souvent de formes juvéniles comme si, chez certains conifères, le développement se stabilisait à un certain stade de l'évolution et que les plantes devenaient incapables d'atteindre l'état adulte. Ceci exige quelques explications.

Chez plusieurs genres de conifères: *Juniperus, Chamaecyparis, Thuja, Cupressus,* etc. le feuillage des jeunes plantes de certaines espèces est différent de celui des plantes adultes aptes à se reproduire, ainsi certains *Juniperus* ont des feuilles étroites et pointues, en aiguilles courtes, jusqu'au moment où ils acquièrent la faculté de fleurir, leurs rameaux portent alors des feuilles en écailles aplaties étroitement appliquées sur la tige.

Il existe des cultivars qui présentent en permanence le feuillage de la forme typique jeune sans jamais porter de feuilles en écailles; il s'agit de mutations qui se maintiennent parfaitement par le bouturage ou le greffage, comme se maintiennent, avec la même fidélité d'ailleurs, les autres mutations intéressant le port des plantes ou la couleur de leur feuillage.

Taille naine et croissance lente peuvent être des caractères spécifiques qu'on rencontre notamment chez les conifères des régions alpines, au climat rude. Ces conifères conservent leur port même lorsqu'ils poussent dans des situations plus favorables; c'est le cas pour le *Pinus mugo mughus*, variété d'un pin de haute montagne qui n'atteint guère que 2 à 3 m de hauteur. Enfin certains cultivars ont pour origine des balais de sorcière ("witches broom" des auteurs anglais).

On appelle balai de sorcière un ensemble dense et serré de pousses courtes, formant un buisson d'aspect anormal qui se développe sur les branches de certains arbres. Les balais de sorcière sont provoqués dans la plupart des cas par des attaques de champignons parasites; c'est en quelque sorte une réaction de l'arbre à cette attaque, réaction qui se traduit par la formation d'une touffe de pousses courtes rassemblée en une masse compacte, très visible dans la cime des arbres. Greffées, ces pousses anormales se maintiennent et donnent parfois naissance à des cultivars nains.

Un "balai de sorcière" volumineux sur Pinus sylvestris.

Un exemple de mutation sur deux spécimens de Chamæcyparis lawsoniana 'Ellwoodii', *montrant des ports différents.*

Dans un jardin plus grand, une petite surface boisée peut être aménagée. Il faut prévoir avec soin la place nécessaire à la croissance des plantes.

Les conifères de taille moyenne peuvent être utilisés pour remplir le rôle de fond dans un jardin, derrière une pelouse, ainsi que le montre cette photo prise aux Bressingham Gardens.

Les conifères comme écran ou comme brise-vent. Cette plantation est composée surtout de x Cupressocyparis leylandii qui, après huit ans, atteignent plus de 6 m de hauteur.

Comment utiliser rationnellement vos Conifères

Ce livre concerne principalement les conifères de jardins, c'est-à-dire ceux de taille moyenne ou naine, à croissance lente. Dans les grands jardins et les parcs, il y a toujours un site qui convienne à un *Cedrus deodara* ou à un *Cedrus atlantica* 'Glauca', il n'y a cependant pas de raison pour que ceux-ci ne trouvent pas place aussi dans un jardin plus petit, durant quelques années, à condition de les sacrifier lorsqu'ils deviennent encombrants.

Il existe un tel choix de conifères qu'il est toujours facile de trouver les espèces et variétés convenant parfaitement à l'emplacement à orner. Les conifères peuvent être employés:

1. pour créer des bosquets dans les grands parcs;
2. comme fond, en arrière-plan, pour faire ressortir des décorations florales ou des floraisons d'arbustes;
3. comme écran ou brise-vent;
4. comme haie;
5. comme exemplaires à silhouette architecturale à insérer dans un paysage;
6. pour couvrir le sol;
7. pour garnir un talus ou un mur;
8. pour donner du relief aux tapis de bruyères;
9. pour apporter de l'intérêt à un jardin de rocailles par leur aspect pittoresque et varié;
10. comme exemplaires à planter isolément.

suite en page 12

Les conifères utilisés comme plantes couvre-sol. Le Juniperus horizontalis 'Glauca', *qui s'étale entre deux Juniperus x media* 'Pfitzeriana Aurea' *à port demi-prostré, cache une dalle couvrant un regard et constitue, en même temps, un point d'attraction supplémentaire dans le jardin.*

en haut :
Aux Etats-Unis, les Juniperus sont très utilisés comme plantes couvre-sol. Ce talus, dans Longwood Gardens, en Pennsylvanie, est un exemple typique de l'effet que l'on peut obtenir dans un tel cas.

au milieu :
Les conifères nains et à croissance lente, déployant toute l'année durant le spectacle varié de leurs formes et de leurs couleurs, ajoutent du relief et de l'intérêt aux jardins de bruyères. Ici, une vue du jardin de M. Adrian Bloom à Bressingham, quatre ans après la plantation.

en bas :
Les conifères nains allient l'intérêt décoratif et la continuité dans un jardin de rocailles. Plusieurs des plus grands spécimens figurant sur cette photographie prise dans les jardins de la Royal Horticultural Society à Wisley, Surrey, ont plus de 50 ans.

Page opposée.
en haut :
Certains conifères sont conseillés comme motifs "architecturaux". Ce ***Juniperus scopulorum*** 'Skyrocket' *par exemple, constitue un excellent centre d'attraction dans un jardin où il est entouré par des plantes de croissance limitée.*

au milieu :
Thuja plicata utilisé comme haie, dans le double but de protéger un jardin de bruyères et de le séparer du court de tennis voisin.

en bas :
Pour de petits jardins de rocailles, il faut procéder à une sélection minutieuse des conifères. Cette vue, prise dans le jardin de M. R.S. Corley, montre bien ce que l'on peut obtenir, même sur une petite surface.

CONIFÈRES POUR DIFFÉRENTS EMPLOIS

COMME BRISE-VENT
Chamaecyparis lawsoniana
x Cupressocyparis leylandii
Picea omorika
Pinus nigra
Thuja plicata

POUR HAIES
Chamaecyparis lawsoniana
x Cupressocyparis leylandii
Taxus baccata
Tsuga canadensis
Tsuga heterophylla
Thuja plicata
Thuja occidentalis

POUR DE PETITS JARDINS DE ROCAILLES
Abies balsamea 'Hudsonia'
Chamaecyparis lawsoniana 'Minima Aurea'
Chamaecyparis obtusa 'Nana'
Chamaecyparis pisifera 'Nana'
Cryptomeria japonica 'Vilmoriniana'
Juniperus communis 'Compressa'
Picea glauca 'Conica'
Picea abies 'Gregoryana'
Picea abies 'Nidiformis'
Picea mariana 'Nana'
Pinus sylvestris 'Beuvronensis'
Thuja plicata 'Rogersii'

POUR LEURS COULEURS D'HIVER
Cedrus atlantica 'Glauca'
Chamaecyparis lawsoniana 'Lane'
Chamaecyparis lawsoniana 'Minima Aurea'
Chamaecyparis lawsoniana 'Pygmaea Argentea'
Picea pungens glauca – cultivars dénommés
Taxus baccata 'Standishii'
Thuja occidentalis 'Lutea Nana'
Thuja occidentalis 'Lutescens'
Thuja occidentalis 'Rheingold'
Thuja plicata 'Stoneham Gold'

COMME COUVRE-SOL – nains (prostrés ou étalés)
Juniperus communis 'Repanda'
Juniperus conferta
Juniperus horizontalis – et ses cultivars
Juniperus procumbens 'Nana'

COMME COUVRE-SOL – semi-nains (demi-prostrés)
Juniperus x media 'Hetzii'
Juniperus x media 'Pfitzeriana'
Juniperus x media 'Pfitzeriana Aurea'
Juniperus virginiana 'Grey Owl'

POUR L'OMBRE – Ne pas utiliser les formes dorées de ces genres
Chamaecyparis obtusa et ses cultivars
Chamaecyparis pisifera et ses cultivars
Cryptomeria japonica et ses cultivars
Juniperus x media et ses cultivars
Juniperus sabina et ses cultivars
Taxus baccata et ses cultivars

L'avantage de planter des conifères nains ou à croissance lente est évident; ils ne sont pas encombrants et ils s'accordent à la perfection avec le cadre des jardinets et des jardins de banlieue, leur aspect et leurs teintes éveillent un intérêt durable qui varie au cours de l'année: frais feuillage de printemps des pins et des sapins, pousses bleues ou glauques de l'épicéa et du sapin du Colorado, feuillage roux d'automne du cyprès chauve, aiguilles de cuivre bronzé du *Cryptomeria* pendant l'hiver, constituent un décor saisonnier qui se renouvelle chaque année.

Le climat relativement doux de l'Europe occidentale est favorable aux conifères et permet d'en cultiver une grande variété. Les hivers n'y sont pas trop rigoureux et les étés pas trop chauds, ce qui convient aux cultivars à feuillage doré; ceux-ci craignent les ardeurs du soleil qui occasionnent des brûlures sur leur feuillage (aux USA par exemple).

Les listes page 11 indiquent les espèces et variétés de conifères convenant pour les principaux emplois que nous avons énumérés. La terre de la plupart des jardins est de qualité suffisante pour y faire pousser un grand nombre des conifères décrits dans ce livre. Les plantations faites avec succès dans les jardins du voisinage donnent des indications précieuses sur les conifères susceptibles de prospérer dans un jardin. Pour réussir une plantation il convient de disposer non seulement de plantes de bonne qualité mais aussi d'un sol convenant à l'espèce et à la variété considérée, ameubli, exempt de mauvaises herbes vivaces par leurs organes souterrains.

Les exigences des conifères vis-à-vis de la qualité du sol varient beaucoup; certaines espèces sont franchement calcifuges, tel le pin maritime *(Pinus pinaster)*, d'autres au contraire sont calcicoles comme le pin noir d'Autriche *(Pinus nigra austriaca)*; le plus grand nombre des espèces s'accommodent des terres ordinaires de jardin, modérément ou peu calcaires. Ce n'est que dans le cas de terres riches en calcaire, où peu de conifères sont capables de s'adapter, qu'il conviendra de choisir avec beaucoup de soin les espèces et cultivars les plus résistants; seuls ils pourront donner entière satisfaction.

en haut :
Les conifères les plus grands sont particulièrement indiqués dans les emplacements spacieux, où ils peuvent faire étalage de toute la beauté de leurs formes majestueuses.

en bas :
Ce massif, dans le jardin de M. Adrian Bloom à Bressingham, est uniquement planté de conifères à croissance lente qui offrent toute l'année un joli spectacle.

Sols et soins à la plantation

FERTILISANTS

Bien que la plupart des conifères puissent prospérer sans fertilisants, il est bon parfois de mélanger au sol une petite quantité d'engrais granulé pour assurer une bonne végétation aux plantes pendant les premières années.
Les composts ou le fumier bien décomposé, la tourbe donnent aux arbres une vigueur plus grande et des couleurs plus vives, ils conservent une humidité favorable à la croissance dans les sols secs et contribuent au drainage des terres lourdes et compactes.

PLANTATION

Après avoir préparé le trou de plantation, assez vaste pour que la motte de l'arbre puisse y tenir à l'aise, débarrasser la plante de son emballage : pot, tontine de paille, panier, corbeille ou container. La corbeille ou le panier peuvent être conservés après les avoir sectionnés en trois ou quatre endroits. S'assurer à l'avance que la terre de la motte est bien humide, sinon la faire tremper dans l'eau durant quelques instants, parfois pendant 15 à 30 minutes, puis la laisser s'égoutter. Si les racines sont contournées à l'intérieur du pot ou du container, les détacher de la motte avec précautions pour leur permettre de s'étaler, de se ramifier et de fixer solidement l'arbre au sol pour résister au vent.
Quand il s'agit d'un spécimen de grande taille dont la motte est emballée avec de la toile ou

Préparation pour la plantation...

cernage...

contenue dans un bac, il convient de le placer d'abord dans le trou, puis de débarrasser totalement ou partiellement la motte de son emballage, avec toutes les précautions nécessaires.
Lorsque la tontine est constituée de paille, on peut l'enlever ou la laisser en place selon la solidité de la motte, toutefois, dans le second cas, on doit toujours détacher la paille fixée autour du collet et l'étaler dans le trou avant de le reboucher de telle façon que la partie supérieure de la motte soit bien dégagée.
Les conifères de plus d'un mètre de hauteur peuvent avoir besoin d'un tuteur s'ils ont peu de racines ou si leur motte est trop petite ; le tuteur est mis en place avant de combler le trou pour éviter d'abîmer la motte (croquis p. 17) l'arbre est fixé par un collier spécial ou en interposant entre eux un peu de paille ou un morceau de toile ou de caoutchouc qui protègent l'écorce et préviennent les blessures.
Le tuteur doit toujours être enfoncé assez profondément dans le sol pour maintenir solidement l'arbre contre le vent et les liens en matière plastique ou en osier vérifiés au bout de quelques mois afin de s'assurer qu'ils n'endommagent pas le tronc. On remplit le trou avec de la terre meuble en prenant soin de combler tous les interstices entre les racines. Selon la nature de la terre, le sol est tassé avec le pied autour de la motte (sols légers, sablonneux) ou plus modérément (sols lourds ou limoneux, surtout s'ils sont frais). Dans ce

transport...

plantation...

manière de former une belle motte...

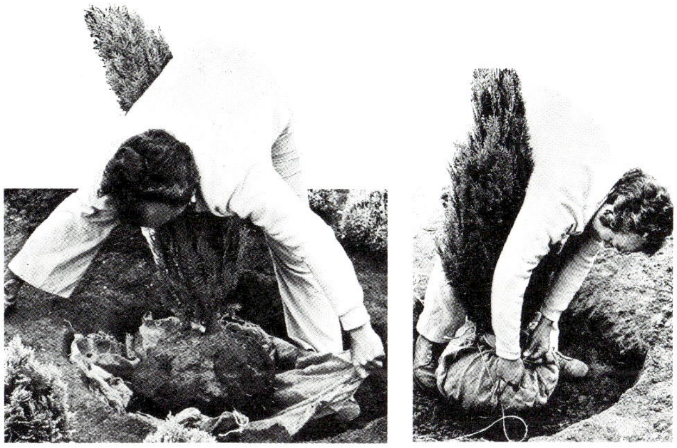

tontinage pour maintenir l'intégrité de la motte...

dernier cas, un tassement trop énergique pourrait rendre la terre compacte et nuire à la bonne végétation de l'arbre.

Il est bon de protéger les conifères de grande taille et de tempérament délicat par un film de polyéthylène afin d'éviter les brûlures causées par les gelées. Le vent produit souvent plus de dégâts que les grands froids, bien que la combinaison des deux puisse tuer des conifères récemment plantés dans certaines situations mal exposées.

Quand un conifère est planté sur une pelouse on doit découper le gazon à 30 cm au moins autour de la base et conserver cet emplacement sans herbe, ainsi pour un arbre dont la ramure atteint 60 cm de diamètre à la base, il convient de ménager un emplacement d'un diamètre minimum de 1,2 m dépourvu d'herbe.

Le gazon n'empêchc pas seulement une partie de l'eau des pluies de pénétrer jusqu'aux racines des arbres, il risque aussi de leur faire perdre leur feuillage à la base. Lorsque ce feuillage est devenu brun, il se forme une zone dénudée disgracieuse, en particulier chez les cultivars de *Chamaecyparis lawsoniana* qui n'émettent plus de nouvelles feuilles, comme le font les *Thuya plicata* par exemple, et qui ne se regarnissent jamais.

On doit éviter soigneusement les conifères qui présentent cette imperfection, celle-ci provient d'une culture défectueuse en pépinière.

dans le nouvel emplacement...

et protection, si nécessaire.

TRANSPLANTATION D'UN CONIFÈRE

Lorsqu'il s'agit de déplacer des conifères de grande taille, en place depuis plus de trois ou quatre ans, il convient de les cerner un an à l'avance – le cernage consiste à couper les racines principales à l'aide d'une bêche, à une certaine distance du tronc, pour les amener à se ramifier et à former de petites racines fibreuses ou "chevelu" qui assureront leur reprise l'année suivante. La longueur à laquelle les racines doivent être sectionnées varie avec la force des arbres, elle doit être telle que les radicelles et le chevelu formés à la suite du cernage se trouvent bien sur les racines conservées au conifère lorsqu'on le transplantera.
Le cernage a lieu au moins sur la profondeur de la bêche, on sectionne aussi quelques racines sous la motte, mais il ne faut pas que l'opération risque de compromettre la solidité de l'arbre qui pourrait alors être abattu par le vent. Pour prévenir cet accident, on haubanne alors les gros exemplaires cernés.
En procédant au cernage en mars, les conifères seront prêts à être déplacés à partir de l'automne suivant.
Si la saison est sèche, il faut arroser copieusement les plantes avant de les déplanter afin de maintenir le maximum de terre autour des racines. Couper en dessous toutes les racines pivotantes avec une bêche bien aiguisée, puis glisser une toile de sac ou une feuille de polyéthylène sous la motte et la retenir par les quatre coins noués autour du collet; éventuellement, la motte entourée par la toile est consolidée par un lien fixé à mi-hauteur qui l'empêche de se briser. Le conifère est transporté, puis planté comme il a été expliqué précédemment. La plantation se termine toujours par un arrosage copieux qui constitue le meilleur moyen de combler les interstices qui peuvent exister dans la terre fraîchement ameublie et d'assurer un bon contact entre la terre et les racines. En outre, si le temps est chaud ou s'il y a du vent, on doit arroser périodiquement et aussi bassiner souvent le feuillage pour éviter que l'arbre perde ses propres réserves d'eau tant qu'il n'a pas émis de nouvelles racines et qu'il n'est pas capable d'absorber suffisamment d'eau dans le sol. Il est également utile parfois de protéger l'arbre contre le déssèchement dû aux vents par un abri de feuilles de polyéthylène.

EXPOSITION

Les conifères à feuillage doré n'acquièrent une belle coloration qu'en pleine lumière et même qu'en plein soleil, bien que certaines variétés aient tendance à brûler sous les climats très chauds, lorsque l'atmosphère est aride; ces mêmes variétés peuvent aussi souffrir du vent au cours des hivers très froids, il est nécessaire alors de ne pas les planter à une exposition trop chaude ou trop soumise à l'action des vents.
On affirme souvent que le feuillage des conifères glauques ou bleutés a des teintes plus riches et plus agréables dans les situations légèrement ombragées; ces conifères réussissent également bien aux expositions ensoleillées.
Il y a lieu de tenir compte dans le choix de l'exposition des exigences des diverses espèces: on sait que certaines d'entre elles prospèrent particulièrement bien à l'ombre où l'air est toujours plus ou moins humide, alors que d'autres préfèrent le soleil et que d'autres enfin s'accommodent de toutes les expositions.

TAILLE

Pour obtenir une flèche, c'est-à-dire une pousse principale verticale des jeunes arbres greffés: *Picea pungens* 'Koster', *Cedrus atlantica* 'Glauca', il est nécessaire de les former et de les tuteurer pendant quelque temps, jusqu'à ce que leur cime soit bien établie.
Chez les conifères de jardin, la taille est souvent utile pour obtenir une forme harmonieuse, un port compact et pour éviter que certaines branches s'allongent sans se garnir suffisamment. Si plusieurs espèces de conifères supportent mal ou pas la taille, en particulier, celles de *Pinus, Picea* et *Abies*, d'autres s'en accommodent bien parmi les *Thuja, Chamaecyparis, Cupressus, Juniperus, Taxus* et même *Cedrus*. Quand un arbre produit deux ou trois flèches, on n'en conserve qu'une, la meilleure, les autres sont supprimées.

HAIES DE CONIFÈRES

Une bonne haie de conifères est irremplaçable; par sa verdure épaisse et persistante, elle peut protéger efficacement une maison ou un jardin contre l'action des vents froids et constitue un écran pour se préserver des regards indiscrets. Les plantes doivent être espacées de 50 à 80 cm selon la hauteur et l'épaisseur qu'on désire lui donner; avant la plantation qui se pratique comme nous l'avons indiqué précédemment, une préparation préliminaire du terrain s'impose sur une largeur de un mètre à un mètre vingt. Il est généralement préférable d'utiliser des sujets jeunes pour deux raisons: les jeunes plantes émettent un système de racines plus solides que les plantes âgées et leur prix d'achat est bien moindre.

Dans l'établissement d'une haie, le premier point à déterminer est la hauteur qu'on désire lui voir atteindre. Pour une hauteur de 2,5 m on peut choisir *Cupressocyparis leylandii, Thuya plicata* ou *Cupressus sempervirens*, le premier étant incontestablement l'un des meilleurs conifères pour haies en raison de sa rusticité, de son établissement facile sur une grande variété de sols et de la rapidité de sa croissance. Ces espèces deviennent de grands arbres si on les laisse pousser sans émondage.

Pour une haie plus basse, il est préférable de choisir des plantes poussant plus lentement comme l'if *(Taxus baccata)* qui mettent plus longtemps à atteindre 1,5 ou 1,8 m que les trois premiers arbres, mais qui se maintiendront plus facilement à cette hauteur.

Les plantes n'auront besoin d'être taillées la première et la deuxième années que sur les côtés jusqu'à ce que la hauteur requise soit atteinte, par la suite une taille sera nécessaire chaque année, fin juin. Cette époque qui correspond à la fin de la pousse printanière est la meilleure pour tailler les haies de conifères, elle leur assure une apparence de grande netteté pendant la fin de la saison. Pour les espèces les plus vigoureuses et pour des haies soignées, on taille une seconde fois, fin mars, avant la reprise de la végétation.

TUTEURAGE

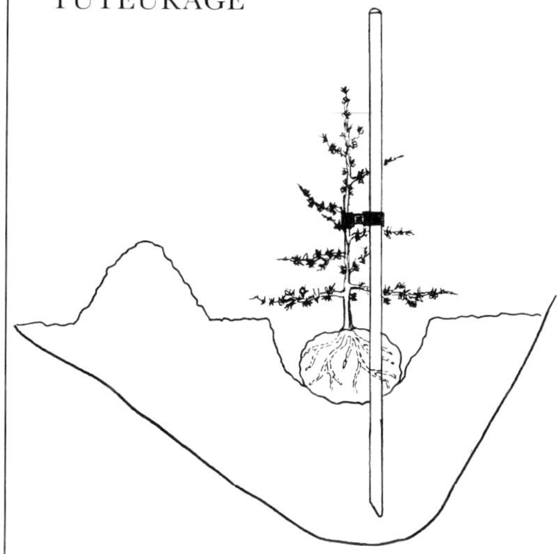

SECTIONNEMENT DES RACINES
ou CERNAGE

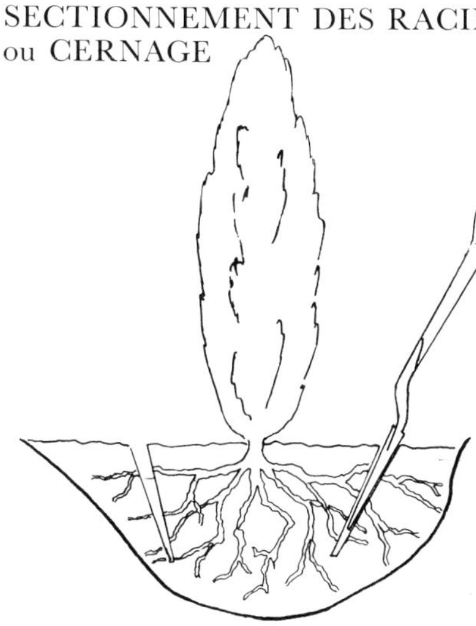

ESPACEMENT
POUR UNE PLANTATION DE HAIE

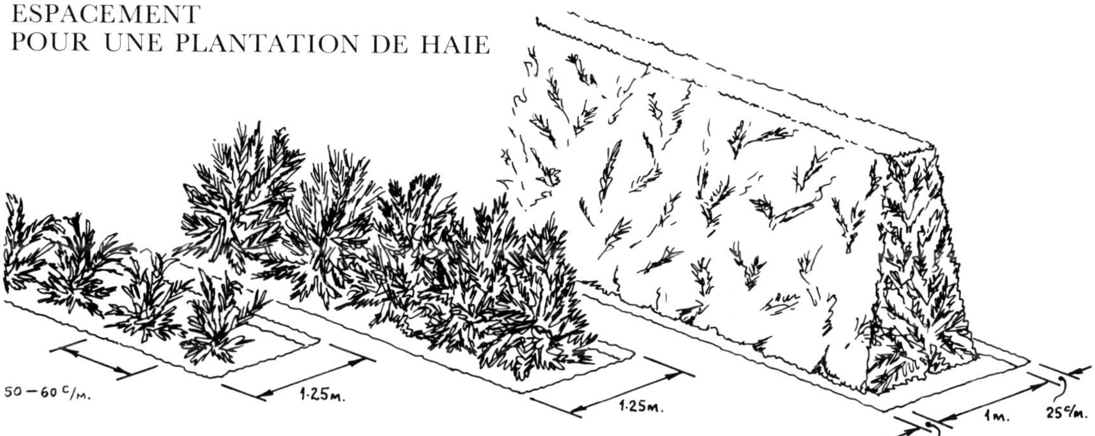

1re année de plantation *2e année* *après 5 ans*

MULTIPLICATION DES CONIFÈRES

Comme les autres plantes, les conifères peuvent être multipliés par semis, par bouturage et par greffage.

De nombreux conifères reprennent de boutures, mais la plupart demandent un temps assez long pour s'enraciner, surtout si on ne met pas en œuvre les méthodes modernes de multiplication: serres, substances de croissance, brouillard artificiel.

Pour bouturer sous châssis froid, on choisit des rameaux aoûtés d'un an ou de deux ans qu'on détache parfois avec le talon, c'est-à-dire avec une faible portion de la tige plus âgée du pied mère; après préparation, les boutures sont repiquées dans un mélange de sable et de tourbe, le mélange terreux bien serré contre la base des boutures; on peut effectuer le repiquage dans des terrines ou des caissettes enterrées alors dans un coffre qui est ensuite recouvert par un châssis vitré ou une feuille de polyéthylène.

Le meilleur moment pour ce genre de multiplication est probablement le mois de septembre, certaines boutures enracinées peuvent être plantées dès le printemps suivant, d'autres seulement un an plus tard. L'emploi de substances de croissance (hormones) lors de la préparation des boutures accélère notablement le processus d'enracinement.

Les cultivars de *Chamaecyparis, Thuja, Cryptomeria, Juniperus* et certains cultivars de *Taxus* et de *Picea* s'enracinent généralement assez vite, il est plus difficile d'obtenir semblables résultats avec les *Cedrus, Cupressus* et *Pinus*.

Les conifères qui ne peuvent se propager à partir de boutures doivent être multipliés soit par semis, soit par greffage. Les pins à grande végétation, tels *Pinus nigra* et *Pinus sylvestris*, sont habituellement obtenus à partir du semis, de même que *Cedrus, Picea, Cupressus*, etc. En revanche, les cultivars tels *Cedrus atlantica* 'Glauca', *Picea pungens* 'Koster' ou certaines formes naines de conifères doivent être greffées. Le

Une haie de x Cupressocyparis leylandii âgée de 5 ans.

greffage procédé de multiplication plus onéreux et plus délicat n'est pas à la portée de l'amateur de jardins.
Il est évident que les plantes difficiles à propager ou de croissance très lente ont une plus grande valeur que les autres, ce qui ne peut surprendre le professionnel, familiarisé avec les conifères, leur vitesse de croissance et par conséquent leur valeur relative, mais qui étonne souvent l'amateur. Un conifère nain qui atteindra 1,25 ou 1,5 m en dix ans sera d'un pris plus élevé qu'un conifère vigoureux de même taille, mais âgé de 4 ou 5 ans seulement.
Les animaux croissent pendant leur jeunesse, leur croissance s'arrête lorsqu'il ont atteint l'état adulte. Il n'en est pas de même pour les arbres qui poursuivent leur développement pendant de longues années et souvent jusqu'à la veille de la période de décrépitude.
La vitesse de croissance des conifères dépend généralement de leur taille finale ; après 30 ans *Cupressocyparis leylandii* mesurera 15 à 18 m de hauteur, *Picea glauca* 'Conica' 1,8 à 2 m seulement, il suffit de diviser la hauteur par le nombre d'années pour obtenir l'expression de la croissance annuelle.

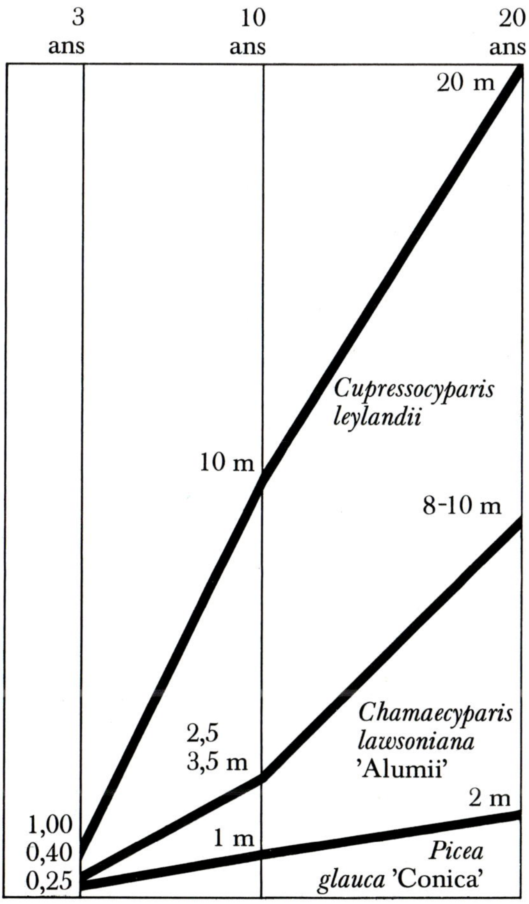

INSECTES, PARASITES ET MALADIES

Comme les autres plantes, les conifères ont leurs ennemis ; ainsi, *Picea glauca* 'Conica' est souvent attaqué par les araignées rouges à la fin du printemps et au début de l'été, il en est de même pour quelques autres espèces ; ces parasites piquent les organes verts pour sucer la sève ce qui occasionne la chute des feuilles et le dépérissement des plantes.
Pour prévenir ce genre de dégâts, il faut surveiller attentivement les arbres qui y sont sensibles et intervenir dès le début de l'invasion, avant que celle-ci se montre nuisible ; une pulvérisation à l'aide d'un insecticide systématique ou d'un acaride spécifique y parviendra, suivi d'une seconde intervention deux semaines plus tard pour s'assurer que les œufs éclos dans l'intervalle subissent le même sort.
Les pulvérisations doivent se faire de préférence dans la soirée ou par temps couvert de façon à éviter toute brûlure sur les jeunes pousses. Après leur pulvérisation, les produits systémiques ou endothérapiques sont absorbés par la plante, puis véhiculés par la sève ; ils vont empoisonner les acariens et les insectes piqueurs et suceurs, comme les araignées rouges et les pucerons, par exemple, partout où ils se trouvent.
Nombres d'insectes détruisent les feuilles ou s'attaquent aux organes ligneux des conifères qui peuvent également souffrir des atteintes de diverses maladies cryptogamiques.
Pour déterminer les parasites en cause et connaître les méthodes de lutte ou de prévention à leur opposer, il est souvent utile de consulter l'inspection régionale du Service de la Protection des Végétaux ou une Station spécialisée de l'Institut national de la Recherche agronomique (I.N.R.A.) compétentes en ce domaine.

Pour un meilleur usage des Conifères

Dans le texte préliminaire, nous avons indiqué les utilisations les plus courantes des conifères ; cependant, nous croyons nécessaire de souligner - comme nous le faisons d'ailleurs tout au long de ce livre - que c'est l'association des formes, des couleurs et du port des conifères, en corrélation avec les autres plantes de jardin, qui assure à celui-ci beauté et intérêt.
En regardant les illustrations en couleur des pages qui suivent, il apparaît à l'évidence que les conifères peuvent être utilisés de cent façons différentes dans un jardin. Le nanisme artificiel produit par la taille des arbres et une alimentation réduite, mieux connu sous le nom d'"Art Bonsai", a été volontairement omis dans ce livre ; cependant, il est certain que le mode de culture Bonsai ajoute des possibilités supplémentaires aux emplois déjà si divers des conifères.
Chez ces végétaux, les tonalités du vert, du bleu et du jaune doré sont si variées que, lorsqu'ils sont soigneusement disposés, ils peuvent illuminer n'importe quelle scène de jardin, été comme hiver. A notre avis, l'association des conifères et des bruyères est l'une des plus heureuses et des plus réussies qui soient ; on obtient ainsi un assemblage de couleurs et de formes variées, attrayant tout au long de l'année et formant une scène paysagère reposante, même si elle apparaît un peu factice.
Bien qu'un travail assez considérable, accompagné de réflexion et de recherche, soit nécessaire pour établir ce jardin, une fois planté, il ne nécessite par la suite que très peu de soins. Il n'y a pas de place dans ce livre pour une étude sur les bruyères, mais nous aimerions demander au lecteur d'observer avec soin les scènes de jardin où les conifères et les bruyères se côtoient. Ces dernières sont généralement des plantes basses, de croissance lente, dont la période de floraison s'étend sur dix à onze mois de l'année ; elles constituent un fond parfait sur lequel se détachent les conifères qui y sont bien mis en valeur.
Les bruyères sont de bonnes plantes couvre-sol, de culture relativement aisée et ne posant pas de problèmes. Elles offrent maintes possibilités mais, en général, on obtient les meilleurs résultats et les plus jolis effets par des groupes étendus de bruyères, plantés, dans leurs intervalles, par des spécimens isolés de conifères. Il convient d'ajouter de la tourbe pour les variétés de Calluna vulgaris et de quelques autres espèces fleurissant l'été ; en outre, un "paillis" de tourbe est toujours avantageux l'année de la plantation pour éviter les mauvaises herbes, maintenir l'humidité du sol et permettre aux plantes de s'établir solidement.
Le résultat de la plantation conjointe de jeunes plantes de conifères et de bruyères ne peut être mieux illustré que par la photo couleur de la page suivante ; elle a été prise cinq ans après la plantation et l'harmonieux mélange des formes et des couleurs est évident. La place nous fait malheureusement défaut pour donner des croquis de plantation qui seraient cependant utiles ; toutefois, pour les massifs formés uniquement de conifères, il existe une telle gamme de variétés qu'on peut aisément faire un choix personnel : ce livre, par les renseignements détaillés qu'il fournit, donne les moyens de créer des massifs très attrayants à l'aide de conifères seulement.
On obtient une plantation plus agréable à l'œil en employant les conifères par groupes de 3 ou de 5 sujets de la même variété. Il faut également prévoir entre eux une place suffisante pour leur permettre une bonne croissance et les choisir de façon judicieuse afin d'obtenir une certaine variété des types élancés ou semi-étalés avec les types buissonnants ou nains et appliqués sur le sol. En utilisant la gamme étendue des formes et des coloris que nous offrent les nombreuses espèces et cultivars de conifères, il est aisé de créer un massif attrayant et d'un intérêt soutenu durant de nombreuses années.

Conifères et bruyères dans le jardin de M. Adrian Bloom à Bressingham.

Synonymes

Certains conifères cités dans ce livre sont connus aussi sous les noms suivants:

ABIES page 24

Abies concolor 'Compacta' – ***Abies concolor*** var. ***glauca*** 'Compacta'
Abies forrestii – ***Abies delavayi*** var. ***forrestii***
Abies lasiocarpa 'Compacta' – ***Abies arizonica*** var. ***compacta***
Abies procera – ***Abies nobilis***

ARAUCARIA page 29

Araucaria araucana – ***Araucaria imbricata***

CEDRUS page 30

Cedrus libani 'Sargentii' – ***Cedrus libani*** var. ***pendula sargentii***

CEPHALOTAXUS page 37

Cephalotaxus harringtonia var. *drupacea* – ***Cephalotaxus drupacea***

CHAMAECYPARIS page 38

Chamaecyparis lawsoniana 'Columnaris' – ***Chamaecyparis lawsoniana*** 'Columnaris Glauca'
Chamaecyparis lawsoniana 'Ellwood's White' – ***Chamaecyparis lawsoniana*** 'Ellwoodii Variegata'
Chamaecyparis lawsoniana 'Erecta Viridis' – ***Chamaecyparis lawsoniana*** 'Erecta'
Chamaecyparis lawsoniana 'Lane' – ***Chamaecyparis lawsoniana*** 'Lanei'
Chamaecyparis lawsoniana 'Nana Albospica' – ***Chamaecyparis lawsoniana*** 'Nana Alba'
Chamaecyparis lawsoniana 'Pygmaea Argentea' – ***Chamaecyparis lawsoniana*** 'Backhouse Silver'
Chamaecyparis lawsoniana 'Spek' – ***Chamaecyparis lawsoniana glauca*** 'Spek'
Chamaecyparis nootkatensis 'Aurea' – ***Chamaecyparis nootkatensis*** 'Lutea'
Chamaecyparis obtusa – ***Retinospora obtusa***
Chamaecyparis obtusa 'Intermedia' – ***Chamaecyparis obtusa*** 'Nana Intermedia'
Chamaecyparis obtusa 'Kosteri' – ***Chamaecyparis obtusa*** 'Nana Kosteri'
Chamaecyparis pisifera – ***Retinospora pisifera***
Chamaecyparis pisifera 'Boulevard' – ***Chamaecyparis pisifera*** 'Cyanoviridis'
Chamaecyparis thyoides 'Andelyensis' – ***Tetinospora leptoclada***

CUPRESSUS page 69

Cupressus arizonica bonita – ***Cupressus glabra***

JUNIPERUS page 73

Juniperus chinensis 'Kaizuka' – ***Juniperus chinensis*** var. ***torulosa***
Juniperus communis var. *depressa* – ***Juniperus canadensis***
Juniperus communis 'Hibernica' – ***Juniperus hibernica***
Juniperus conferta – ***Juniperus littoralis***
Juniperus davurica 'Expansa' – ***Juniperus chinensis*** 'Parsonsii'
Juniperus horizontalis 'Wiltonii' – ***Juniperus horizontalis*** 'Blue Rug'
Juniperus x media – page 82
Juniperus x media 'Blaauw' – ***Juniperus chinensis*** 'Blaauw' – ***Juniperus chinensis*** 'Blaauw's Varietat'
Juniperus x media 'Hetzii' – ***Juniperus chinensis*** 'Hetzii'
Juniperus x media 'Old Gold' – ***Juniperus chinensis*** 'Old Gold'
Juniperus x media 'Pfitzeriana' – ***Juniperus chinensis*** 'Pfitzeriana'
Juniperus x media 'Pfitzeriana Aurea' – ***Juniperus chinensis*** 'Pfitzeriana Aurea'
Juniperus x media 'Plumosa Aurea' – ***Juniperus chinensis*** 'Plumosa Aurea'
Juniperus recurva 'Embley Park' – ***Juniperus recurva*** 'Viridis'
Juniperus sargentii – ***Juniperus chinensis*** var. ***sargentii***
Juniperus scopulorum 'Skyrocket – ***Juniperus virginiana*** 'Skyrocket'

LARIX page 92

Larix dicidua – ***Larix europaea***
Larix leptolepis – ***Larix kaempferi***

LIBOCEDRUS - CALOCEDRUS page 93
Libocedrus decurrens - ***Calocedrus decurrens***
Libocedrus decurrens 'Aureovariegata' - ***Calocedrus decurrens*** 'Aureovariegata'

PICEA page 95
Picea abies - ***Picea excelsa***
Picea orientalis 'Aurea' - ***Picea orientalis*** 'Aureospicata'
Picea pungens 'Globosa' - ***Picea pungens*** 'Glauca Globosa'
Picea pungens 'Prostata' - ***Picea pungens*** 'Glauca Prostrata'

PINUS page 106
Pinus griffithii - ***Pinus excelsa*** - ***Pinus wallichiana***
Pinus nigra - ***Pinus nigra austriaca***
Pinus nigra maritima - ***Pinus laricio*** var. *corsicana* - ***Pinus laricio*** var. *calabrica*
Pinus sylvestris 'Watereri' - ***Pinus sylvestris*** 'Pumila'

PSEUDOTSUGA page 121
Pseudotsuga menziesii - ***Pseudotsuga taxifolia*** - ***Pseudotsuga douglasii***
Pseudotsuga menziesii 'Fletcheri' - ***Pseudotsuga glauca*** Fletcheri'

SEQUOIA page 123
Sequoia sempervirens 'Adpressa' - ***Sequoia sempervirens*** 'Albospica'

SEQUOIADENDRON - SEQUOIA page 124
Sequoiadendron giganteum - ***Sequoia gigantea*** - ***Sequoia wellingtonia gigantea***

TAXUS page 126
Taxus baccata 'Standishii' - ***Taxus baccata*** 'Fastigiata Standishii'

THUJA - THUYA page 132
Thuja occidentalis 'Holmstrup' - ***Thuja occidentalis*** 'Holmstrupensis' - ***Thuja occidentalis*** 'Holmstrupii'
Thuja occidentalis 'Lutescens' - ***Thuja occidentalis*** 'Wareana Lutescens'
Thuja orientalis - ***Biota orientalis***
Thuja orientalis 'Juniperoides' - ***Thuja orientalis*** 'Decussata'
Thuja plicata - ***Thuja lobbii*** - ***Thuja gigantea***
Thuja plicata 'Rogersii' - ***Thuja plicata*** 'Rogersii Aurea'

THUJOPSIS *dolabrata* - THUYA *dolabrata* page 140

Explication des symboles

Afin de faciliter l'identification des conifères, nous les avons tout d'abord classés en trois catégories selon l'importance de leur développement :
N = Nain   M = Moyen   G = Grand
De même, pour chaque variété, nous avons employé un symbole aussi représentatif que possible de la forme générale du conifère :

A la suite du premier chiffre est indiquée la taille après 10 ans. Par exemple : M. 1,00 - 1,20 m. Puis, la taille adulte. Exemple : T.A. 3 - 4 m. Pour les formes étalées ou semi-prostrées, nous avons indiqué la taille suivie de l'indication "diamètre".

Exemple :

colonnaire

pleureur

en flamme

Chamaecyparis pisifera
'Boulevard'

M. 1,00 - 1,20 m. T.A. 3 - 4 m.

ABIES

Les Abies *ou sapins sont généralement des arbres de grande taille, à branches régulièrement verticillées, dont les feuilles persistantes, linéaires, aplaties, présentent souvent deux bandes blanches en-dessous. Leurs cônes dressés laissent apparaître, ou non selon l'espèce, des bractées saillantes entre les écailles; ils se désagrègent à maturité, seul leur axe persiste sur l'arbre, de sorte qu'on ne peut les recueillir entiers comme on le fait pour ceux des pins ou des épicéas.*
*La plupart des espèces d'*Abies *sont des arbres forestiers. Par leurs grandes dimensions, ils produisent un effet imposant et majestueux dans les parcs où ils sont plantés. Les espèces et cultivars de croissance lente peuvent cependant trouver place dans les jardins.*

Abies balsamea 'Hudsonia' *de 15 ans environ.*

Abies balsamea 'Hudsonia'

N 20–30 cm T.A. 60–90 cm
Ce sapin est l'un des meilleurs parmi les formes naines du genre *Abies*; alors que l'*Abies balsamea* atteint une vingtaine de mètres de hauteur dans son pays d'origine, le Nord-Est des Etats-Unis, il demeure nain, avec des branches étalées garnies d'un feuillage vert foncé brillant à reflets bleutés.

Très résistant au froid, il convient parfaitement pour l'ornementation des jardins de rocailles.

Abies concolor 'Compacta', *au début de l'été.*

Abies concolor 'Compacta'

M 60–90 cm T.A. 2–3 m

Cette variété rare, mais très jolie, a une forme un peu irrégulière et des feuilles légèrement plus courtes que le type mais très glauques, en particulier pendant la période de croissance, de mai à juillet.
On ne la rencontre que chez quelques spécialistes.

Abies concolor de 10 ans.

Abies concolor

G 2–2,50 m T.A. 25–30 m

Comme celle des autres grands conifères, la taille de cette espèce peut varier considérablement selon les régions, principalement en raison de la profondeur et de la richesse du sol ainsi que de l'abondance des pluies.

Ses feuilles sont concolores, c'est-à-dire qu'elles ne portent pas de bandes blanches dessous; elles sont longues et de couleur vert glauque. L'arbre conserve longtemps ses branches basses et forme de jolis spécimens isolés.

Abies forrestii. Un détail des branches vues de dessous.

Abies forrestii

M 1,50 m   T.A. 10 m
Cette espèce de sapin, rare en France et en Europe occidentale est estimée en Grande-Bretagne où sa valeur est confirmée. Elle est distincte par ses jeunes pousses fines, brun rougeâtre et par ses feuilles vert foncé brillant dessus et blanc argenté dessous. Ses cônes de 8 à 10 cm de longueur apparaissent sur des exemplaires encore jeunes, ils sont ovoïdes et d'une coloration noir pruineux étonnante. Par son originalité et sa beauté, il mériterait d'être plus répandu.

Abies grandis

G 3–3,50 m   T.A. 30–45 m
Ce sapin, introduit au siècle dernier de l'Ouest des U.S.A. et du Canada, est un conifère géant : il atteint 80 m de hauteur dans son habitat d'origine. Il croît très rapidement quand il est établi et préfère les sols frais, mais bien drainés. En raison de sa grande taille, c'est plus un arbre de parc que de jardin ; il y produit un effet magnifique en spécimens adultes par ses grandes dimensions, sa stature imposante et son feuillage lustré, vert franc.

Abies grandis de 10 ans.

Abies koreana avec ses cônes remarquables.

Abies lasiocarpa 'Compacta'. *Un sujet très vieux.*

Abies nordmanniana.

Abies koreana

G 1,50–2 m T.A. 15 m
Le sapin de Corée a une apparence élégante; il convient pour l'ornementation des grands jardins. Son feuillage vernissé dessus, blanc dessous est attrayant toute l'année.
Contrairement aux autres sapins qui fructifient seulement après de nombreuses années, alors qu'ils ont acquis une grande taille et dont les cônes sont difficiles à observer, *Abies koreana* produit les siens même sur de jeunes sujets. Ces cônes, gris ardoisé ou violacés, d'un effet étonnant, contribuent au mérite ornemental de cette espèce.

Abies lasiocarpa

G 1,20–1,50 m T.A. 20–25 m
Sapin de croissance relativement lente dont les branches dressées et le feuillage d'un vert grisâtre pâle font un arbre attrayant.

Abies lasiocarpa 'Compacta'

N 60–90 cm T.A. 1,5–2,5 m
Ce cultivar, désigné aussi sous le nom de *Abies arizonica* 'Compacta', a une croissance lente et une forme irrégulière avec un curieux feuillage gris verdâtre, particulièrement joli au moment de la pousse printanière, en mai-juin.

Abies nordmanniana

G 2–3 m T.A. 25–30 m
Le sapin du Caucase est très ornemental, ses branches régulièrement disposées par étages et étalées horizontalement garnissent son tronc jusqu'à la base. Il possède un beau feuillage vert brillant et des bourgeons brun rougeâtre pendant l'hiver. On le plante de préférence dans les grands jardins ou dans les parcs.

Abies pinsapo

G 1,50–2 m T.A. 20–25 m
Originaire des montagnes du sud de la péninsule ibérique, le sapin d'Espagne s'adapte parfaitement aux différents types de sol et vient bien dans les terres calcaires. Ses feuilles courtes et épaisses sont insérées sur les rameaux perpendiculairement à ceux-ci, en écouvillon ; elles ont un aspect rigide. L'arbre forme une large pyramide, d'une couleur vert foncé, légèrement bleutée ou glauque.

Abies pinsapo.

Abies pinsapo 'Glauca'

G 1,50 T.A. 15–20 m
Ce cultivar diffère du type par ses feuilles nettement glauques ; son port est encore plus large et plus trapu. Comme lui il résiste bien aux sols secs et calcaires et à une atmosphère aride. Il est très décoratif.

Abies pinsapo 'Glauca'.

Abies procera

G 2 m T.A. 20 m
Appelé également *Abies nobilis,* ce sapin svelte et élancé forme un cône étroit ou une colonne ; ses feuilles légèrement spatulées sont d'un beau vert glaucescent.
Il ne supporte pas le calcaire et demande un sol profond et frais ainsi qu'une atmosphère humide. En l'absence de ces conditions, sa croissance est ralentie et il n'atteint pas de grandes dimensions, il perd en même temps une partie de sa valeur décorative.
Son cultivar 'Glauca' a un joli feuillage bleuâtre, surtout sur les jeunes pousses, au printemps.

Araucaria araucana. Un très bel exemplaire d'environ 60 ans.

ARAUCARIA

Le genre Araucaria *comprend une douzaine d'espèces de l'hémisphère sud dont une seule est rustique en France.*

Araucaria araucana

G 1–1,20 m T.A. 15 m

Cet arbre d'aspect curieux pousse lentement mais peut atteindre d'assez grandes dimensions lorsque les conditions de sol et de climat lui conviennent: terres fraîches, atmosphère humide, climats maritimes sans froids excessifs pendant l'hiver ; sinon il perd ses branches basses et croît lentement. Ses grosses branches peu ramifiées sont régulièrement verticillées, ses rameaux sont garnis de larges feuilles vert foncé, vernissées, pointues et piquantes. L'espèce, dioïque, fructifie parfois mais à un âge avancé.

En France, l'Araucaria réussit bien en Normandie, en Bretagne et dans le Sud-Ouest.

CEDRUS

Cedrus atlantica 'Aurea'.

Les cèdres sont de grands arbres, à feuilles en aiguilles piquantes, isolées sur les pousses et groupées en rosettes sur les rameaux de plus d'un an. Leurs gros cônes ovoïdes et dressés mûrissent en deux ans; ils n'apparaissent que sur les arbres d'un certain âge. Les cèdres sont très répandus dans les parcs et les jardins en raison de leurs faibles exigences et de la facilité de leur culture; ils prospèrent dans tous les terrains mais redoutent l'excès d'humidité.

Cedrus atlantica 'Aurea'

M 1,50 m T.A. 4–5 m
Peu vigoureux, le cèdre de l'Atlas doré est plus curieux que joli car sa teinte n'est pas constante; en outre, il souffre souvent des ardeurs du soleil en été.

Cedrus atlantica 'Glauca'. *Un arbre de 15 ans environ.*

Cedrus atlantica 'Glauca'

G 3–3,5 m T.A. 25 m
Le cèdre bleu est l'un des plus beaux de tous les conifères; cultivar du *Cedrus atlantica*, il devient comme lui un arbre imposant, souvent trop volumineux pour un petit jardin. Il a en effet besoin de place pour montrer toute sa beauté en exemplaire isolé. Son coloris bleuté est remarquable.

Propagé par greffage, il doit être tuteuré pendant quelques années pour que sa flèche croisse bien verticalement; lorsqu'elle atteint 2 m environ, elle n'a plus besoin d'aucune assistance. Arbre de grand mérite, on doit lui choisir avec soin un emplacement qui le mette parfaitement en valeur.

Un merveilleux exemplaire de Cedrus atlantica 'Glauca', *déjà centenaire, dans un des jardins de la Ville de Paris.*

Cedrus atlantica 'Glauca Pendula'. *Cet arbre exceptionnel a plus de cent ans et couvre une surface d'environ 500 m², à Chatenay-Malabry.*

Cedrus atlantica 'Glauca Pendula'

G 1,50–2 m T.A. 3–4 m
Diamètre 10–15 m

Ce cultivar a le même feuillage bleu que le précédent, mais ses branches retombent jusqu'au sol. On le greffe sur cèdre de l'Atlas, soit au ras du sol, soit à 2 m de hauteur environ. Dans le premier cas, on palisse verticalement la flèche de l'arbre et on laisse les branches secondaires qui y prennent naissance s'étendre horizontalement à partir d'une hauteur de 2 m à 2,5 m. Ces branches produisent alors des rameaux nombreux et longs qui retombent comme une draperie.

Cedrus deodara. ' Pendula'.

Une heureuse composition de conifères et arbustes au Dell Garden de Bressingham.

Cedrus deodara. De fraîches pousses de printemps sur cet arbre de 6 ans.

edrus deodara, un très bel exemplaire photographié dans la Drôme.

edrus deodara 'Aurea .

Cedrus brevifolia

M 60–80 cm T.A. 8–10 m
Le cèdre de Chypre est une espèce de croissance lente, formant des spécimens de taille moyenne qui portent de très petites feuilles de la même teinte que celles du Cèdre du Liban.

Cedrus deodara

G 3–3,50 m T.A. 20–25 m
Le déodar ou cèdre de l'Himalaya est un arbre très gracieux et très beau. Il diffère des autres espèces de cèdres par sa flèche inclinée et l'extrémité retombante de ses branches principales et des rameaux qu'elles portent, ce qui lui donne un port pleureur. En outre, ses aiguilles sont nettement plus longues; chez les sujets de semis, leur teinte varie du vert pâle au vert grisâtre ou argenté.
En France, le déodar n'est pas complètement rustique, il souffre des hivers rigoureux, aussi se plait-il surtout dans la vallée de la Loire et le Sud-Ouest, régions tempérées où l'atmosphère n'est jamais trop aride. Une place suffisante doit lui être ménagée, car après un départ lent qui suit la transplantation, il prend bientôt de la hauteur et de l'envergure et constitue de beaux spécimens isolés.

Cedrus deodara 'Aurea'

M 1,20–1,50 T.A. 4–5 m
De croissance lente, ce cultivar plus délicat que le type, prend un développement variable selon le climat. Ses feuilles, jaune d'or au printemps, deviennent vert jaunâtre en été et en automne. Plante très attrayante lorsqu'elle pousse bien, elle peut réserver des désillusions dans des situations peu favorables.

Cedrus libani

G 2–2,50 m T.A. 25–30 m
Le cèdre du Liban est célèbre par les souvenirs historiques et bibliques qu'il évoque. Il est moins couramment planté en France que le cèdre de l'Atlas.
Il se caractérise par une silhouette conique lorsqu'il est jeune, par des branches étalées, puis par sa flèche qui s'étend horizontalement chez les sujets âgés; il a parfois plusieurs tiges principales. Son tronc relativement gros et son port lui communiquent un aspect de noblesse et de puissance qui commence à se manifester à partir de la trentième année. Il pousse plus lentement que le cèdre de l'Atlas. Son feuillage est vert sombre.

Cedrus libani 'Nana'.

Cedrus libani 'Nana'

M 60–90 cm T.A. 3–5 m
Cultivar de croissance lente et de port compact. Son feuillage est d'un vert franc brillant.

Cedrus libani 'Sargentii'.

Cedrus libani 'Sargentii'

N. prostré Diamètre 1–1,20 m
T.A. 60–100 cm Diamètre 3–4 m
C'est un remarquable conifère pour une grande rocaille ou un talus. Il pousse lentement avec un vrai port pleureur, il s'étale sur le sol. On peut le palisser lorsqu'il est jeune afin de l'élever sur tige à 1 m de hauteur environ, ce qui a pour effet de mettre en évidence son port; ses aiguilles fortes sont un peu bleutées. Il paraît à son avantage lorsqu'il retombe par dessus un muret ou un affleurement rocheux. Comme beaucoup de conifères nains ou rampants, la façon de l'employer revêt une grande importance.

Cephalotaxus harringtonia var. *drupacea*.

CEPHALOTAXUS

Ce genre est voisin des Taxus; il comprend des arbrisseaux ayant l'apparence des ifs, toutefois avec des feuilles plus grandes.

Tous les Cephalotaxus se plaisent dans les situations plus ou moins ombragées et prospèrent dans les sols calcaires.

Cephalotaxus harringtonia var. *drupacea*

N 60–90 cm T.A. 2–3 m
On donne parfois à cette plante le nom d'if à prunes en raison de la forme de ses fruits qui ressemblent assez à une grosse olive; ses feuilles sont d'une teinte vert pâle, parfois jaunâtre. Son cultivar 'Fastigiata' a l'aspect de l'if d'Irlande, mais avec un feuillage vert foncé brillant beaucoup plus ample.

CHAMAECYPARIS

Dans l'Europe de l'Ouest, c'est l'un des genres de conifères les plus cultivés quoique aucune de ses espèces n'en soit originaire; celles-ci proviennent d'Amérique du Nord, du Japon et de Formose, elles ont donné naissance à une série très étendue de cultivars très différents les uns des autres par leur taille, leur port et leur coloris.
Les Chamaecyparis *ou faux-cyprès sont parfois désignés sous leur ancien nom de* Cupressus *ou cyprès; toutefois, ce dernier nom s'applique à un groupe d'arbres distincts et différents.*

La plupart des Chamaecyparis *et de leurs cultivars croissent avec plus de succès où ils rencontrent des conditions convenables de fraîcheur alliées à un bon drainage; ils redoutent les expositions où sévissent les vents desséchants qui nuisent parfois à leur reprise lorsqu'on les transplante. Cependant il y a beaucoup de bonnes plantes de jardins parmi les* Chamaecyparis, *pour lesquelles quelques soins après la plantation valent la peine d'être donnés.*

Chamaecyparis lawsoniana

G 2,50–3 m T.A. 20–25 m
Le cyprès de Lawson fut introduit de l'Ouest des Etats-Unis il y a un peu plus d'un siècle, il ne tarda pas à se répandre largement ainsi que ses cultivars. Il devient un grand arbre; il n'est plus souvent planté en spécimen isolé car ses cultivars remplissent ordinairement cette fonction, mais on en fait un large usage pour constituer des écrans ou des haies.
Ainsi que ses variétés, il n'aime pas que l'herbe se développe sous lui ce qui provoque rapidement le desséchement des rameaux de la base de sa ramure qui se dénude alors définitivement.
Lorsqu'il est conduit en haie, on ne doit pas le tailler trop sévèrement car il ne produit pas de jeunes pousses sur les branches âgées comme *Thuya plicata* ou *Cupressocyparis leylandii* par exemple.
Chamaecyparis lawsoniana et ses cultivars peuvent parfois brunir et se dessécher partiellement pendant l'hiver en situation exposée aux vents. surtout juste après la plantation.
La sélection suivante comprend les cultivars les plus caractéristiques et les plus cultivés de *Chamaecyparis lawsoniana;* il en existe un trop grand nombre pour pouvoir les mentionner tous.

Chamaecyparis lawsoniana 'Albovariegata'

N 1 m T.A. 3 m
Ce cultivar formant un buisson compact possède un feuillage vert foncé moucheté de blanc à l'extrémité des rameaux; il est quelque peu instable et donne des pousses beaucoup plus tachetées que d'autres. Il craint le grand soleil.

Chamaecyparis lawsoniana 'Alumii'

M 1,8–2 m T.A. 10–12 m
C'est un des cultivars à feuillage bleuâtre les plus populaires du cyprès de Lawson; il est assez compact à port dressé et forme de très jolis spécimens.

Chamaecyparis lawsoniana 'Albovariegata'.

Chamaecyparis lawsoniana 'Alumii'.

Chamaecyparis lawsoniana 'Columnaris'. *Un des plus remarquables conifères pour un jardin.*

Chamaecyparis lawsoniana 'Columnaris'

M 1,80–2 m T.A. 10 m

Plus élancé que le précédent auquel il ressemble, il forme une colonne étroite d'un bleu légèrement grisâtre plus accentué que chez l'Alumii; il produit un effet remarquable lorsqu'il est mis en évidence dans un parc.

Chamaecyparis lawsoniana 'Ellwoodii'. *Un bel exemplaire de 12 ans.*

Chamaecyparis lawsoniana 'Ellwoodii'

N 1,20 m T.A. 4–5 m

Cultivar très populaire en Grande-Bretagne, il est également apprécié et répandu en France ; de port conique régulier, dense et compact, il porte de petites aiguilles glauques, devenant bleu d'acier en hiver. C'est un excellent arbuste pour les petits jardins et, lorsqu'il est encore jeune, pour les jardins de rocailles.

Il en existe plusieurs formes qui ont conservé son aspect général mais qui en diffèrent par certains caractères comme : 'Chilworth Silver' dont le feuillage a une nuance bleu argenté plus prononcée; 'Ellwood's Gold' qui n'est pas à proprement parler doré mais dont l'extrémité des pousses est tigrée de jaune, en particulier pendant l'été, ce qui donne un aspect particulièrement attrayant à la plante ; celle-ci a une croissance plus lente que Ellwoodii ; 'Ellwood's White', a les jeunes pousses panachées de blanc. Ces trois formes ne sont pas cultivées en France.

Chamaecyparis lawsoniana 'Ellwoodii'. *Cet exemplaire de 30 ans, qui se trouve dans le Norfolk, atteint 6 mètres de hauteur.*

Chamaecyparis lawsoniana 'Ellwood's Gold'. *Une plante de 5 ans, au début du printemps.*

Chamaecyparis lawsoniana 'Erecta Viridis'. *Une plante de 8 ans.*

Chamaecyparis lawsoniana 'Erecta Viridis'

M 1,80–2 m   T.A. 10–12 m

Les longues branches dressées, garnies d'un feuillage vert brillant et dont les ramilles sont disposées selon des plans verticaux valent à ce conifère son nom qui le caractérise bien. Il craint la neige dont le poids tend à écarter ses branches et à lui faire perdre son port conique régulier. On évite cet inconvénient en secouant la neige ou à défaut en maintenant discrètement ses branches par un lien. Il se dégarnit facilement de la base.

Avec l'âge, sa partie inférieure s'élargit, atteignant une certaine ampleur, surtout dans les régions très pluvieuses.

Chamaecyparis lawsoniana 'Fletcheri'.

Chamaecyparis lawsoniana 'Fletcheri'

N 1,50 m T.A. 5–6 m
Cultivar aussi populaire que Ellwoodii avec lequel il a quelque ressemblance; il forme une colonne élargie de la base, avec des branches dressées et un feuillage fin, d'un vert grisâtre. Il devient vite trop grand pour l'ornementation des rocailles, emploi pour lequel on le recommande souvent à tort.

Chamaecyparis lawsoniana 'Forsteckensis', *d'environ 10 ans.*

Chamaecyparis lawsoniana 'Forsteckensis'

N 25–30 cm T.A. 1 m
Ce cultivar déjà fort ancien est très nain ; de forme globuleuse, il constitue un buisson dense, à croissance très lente, garni d'un feuillage vert, légèrement grisâtre. De l'intérieur de l'arbuste, se dressent les nouvelles pousses qui se tordent et se contournent dans diverses directions. Il en existe une ou deux formes à végétation plus lâche et qui semblent plus grandes.

Chamaecyparis lawsoniana 'Gimbornii'

N 25–30 cm T.A. 1 m
Quoique ce cultivar ressemble assez à 'Minima Glauca', il donne naissance à des plantes, plus compactes, nettes et élégantes, au feuillage vert bleuté et dont l'extrémité des rameaux est pourpré. Variété de *Chamaecyparis lawsoniana* très attrayante.

Chamaecyparis lawsoniana 'Green Pillar'

M 1,50 m T.A. 10–12 m
Ce cultivar a une forme qui rappelle celle de la variété 'Erecta Viridis', mais il est d'une teinte verte plus brillante et il ne paraît pas souffrir des chutes de neige. Il peut être classé parmi les meilleures plantes de jardin, bien qu'il ne soit pas assez connu.
Au printemps, ses feuilles sont très légèrement nuancées de jaune d'or.

Chamaecyparis lawsoniana 'Green Pillar'.

Chamaecyparis lawsoniana 'Intertexta'

G 1,80–2,25 m T.A. 12–15 m
Il devient un grand arbre et il est recommandé seulement lorsqu'on dispose de suffisamment de place. Son port dressé, sa ramure lâche et ses rameaux retombants lui donnent une apparence particulièrement gracieuse. Remarquable en forts exemplaires, il est moins joli en jeunes sujets.

Chamaecyparis lawsoniana 'Kilmacurragh'

M 1,5–2 m T.A. 10–12 m
Une étroite colonne verte décrit bien ce cultivar; ses branches courtes et demi-érigées lui donnent un aspect semblable à 'Columnaris' avec lequel il peut rivaliser dans son emploi dans les jardins.

Chamaecyparis lawsoniana 'Lane', *photographié en Angleterre au cours de l'hiver.*

Chamaecyparis lawsoniana 'Knowfieldensis'

N 50 cm × 1 m T.A. 1 m × 2 m
Il ne faut pas confondre cette variété avec 'Nidiformis' qui devient plus large, et 'Tamariscifolia' d'un beau vert profond, qui sont souvent vendus sous le même nom. Ce cultivar a des pousses petites et aplaties se chevauchant l'une l'autre. Il est nain, compact et large avec un feuillage vert clair, glaucescent dessous.

Chamaecyparis lawsoniana 'Lane'

M 1,80–2,25 m T.A. 10–12 m
Un des meilleurs 'Lawson' dorés par sa couleur estivale et hivernale, à la fois pour les jardins moyens ou grands. Il demande une exposition ensoleillée pour acquérir sa belle teinte dorée que font ressortir les conifères bleus ou verts plantés près de lui.

Chamaecyparis lawsoniana 'Lutea'.

Chamaecyparis lawsoniana 'Lutea'

M 2–2,25 m   T.A. 10–12 m

Conifère populaire qui se forme en colonne à branches courtes et étalées. Quoique d'un jaune doré moins brillant que le 'Lane', il garde une jolie coloration durant l'hiver.

Chamaecyparis lawsoniana 'Maas'

M 2–2,50 m T.A. 10–12 m

'Lawson' hollandais d'introduction relativement récente, de croissance assez rapide, formant un large cône ; feuillage d'une couleur vert doré ; attrayante.

Chamaecyparis lawsoniana 'Minima Aurea', *contrastant agréablement avec Erica carnea* 'Springwood White' *au cours de l'hiver ...*

... et en été, lorsqu'il est d'un jaune encore plus brillant. Ces plantes ont environ 7 ans.

Chamaecyparis lawsoniana 'Minima Aurea', *de 7 ans.*

Chamaecyparis lawsoniana 'Minima Aurea'

N 25–30 cm T.A. 1,25–1,50 m

C'est un conifère remarquable pour un petit jardin. – Quoique de croissance très lente, son feuillage serré et compact, jaune doré brillant, en fait une plante idéale toute l'année, pour orner un jardin de bruyères ou une rocaille; sa couleur est aussi éclatante en hiver qu'en été. Une forme voisine 'Aurea Densa', obtenue par le même pépiniériste, dans le même semis de graines, ne s'en distingue qu'avec l'âge: il est alors plus compact et de forme plus arrondie.

Chamaecyparis lawsoniana 'Minima Glauca'. – *Un très vieux spécimen d'environ 30 ans.*

Chamaecyparis lawsoniana 'Minima Glauca'

N 25–30 cm T.A. 1,25–1,50 m

Conifère en buisson arrondi, sans flèche, de croissance très lente. On ne doit pas être abusé par le qualificatif de 'Glauca' qu'on lui applique, car son feuillage est vert très légèrement bleuté. Le cultivar 'Nana', qui est souvent, et à tort, vendu sous son nom, possède une tige centrale, une flèche et des branches plus horizontales. Les jeunes plantes sont toutefois difficiles à distinguer l'une de l'autre.

Chamaecyparis lawsoniana 'Nana Albospica'

N 50–60 cm T.A. 2 m
Ce cultivar qui semble couvert de neige en été mérite d'être plus largement planté. Il ne doit pas être placé en situation trop ensoleillé et paraît rustique. Sa couleur à l'intérieur est verte, celle de l'extrémité de ses pousses blanche, plus marquée au départ de la croissance, au printemps.
Un utile complément à la gamme des conifères colorés.

Chamaecyparis lawsoniana 'Pembury Blue'

M 2–2,50 m T.A. 8–10 m
Probablement le plus bleu des cultivars de 'Lawson'; il forme un arbre pyramidal au feuillage léger et fin,d'un coloris bleu argenté magnifique. D'introduction assez récente, il mérite d'être mieux connu.

Chamaecyparis lawsoniana 'Pottenii'

M 2 m T.A. 5 m
Variété ancienne mais encore répandue. Conique, compact à feuillage plumeux, doux au toucher, vert clair. Il est sensible aux dommages causés par le vent et doit être protégé contre les vents desséchants. Il souffre aussi du froid pendant les hivers rigoureux.

Chamaecyparis lawsoniana 'Nana Albospica'. *Pendant la plus grande par de l'été, le feuillage de cette plante devient beaucoup plus blanc.*

Chamaecyparis lawsoniana 'Pottenii'.

Chamaecyparis lawsoniana 'Pygmaea Argentea'. *Plante de 5 ans, pendant l'été.*

Chamaecyparis lawsoniana 'Pygmaea Argentea'

N 20–30 cm T.A. 80–100 cm
Autre cultivar qui pourrait être plus largement planté en raison de ses jolis coloris d'hiver et d'été; il forme un buisson arrondi ou un large cône aplati, gracieux même en petites plantes par l'extrémité blanc argenté de ses rameaux couronnant son feuillage vert foncé, un peu bleuâtre. Il a besoin d'une exposition suffisamment ensoleillée pour acquérir sa belle coloration, malheureusement, au grand soleil, ses pousses peuvent griller, de même d'ailleurs que par les fortes gelées. Sa croissance est très lente. Le cultivar 'Backhouse Silver' parait semblable à lui.

Chamaecyparis lawsoniana 'Spek'.

Chamaecyparis lawsoniana 'Spek'

M 1,80–2,20 m T.A. 8–10 m
D'origine hollandaise et d'introduction récente, il ressemble en plusieurs points à 'Pembury Blue' mais avec un coloris pas aussi argenté. Pyramidal, à branches fortes dont l'extrémité retombe, il a un feuillage rude au toucher. Il est supérieur à la vieille variété 'Triumf van Boskoop'.

Chamaecyparis lawsoniana 'Stewartii'

M 1,75–2,25 T.A. 12–15 m
Le plus populaire des 'Lawson' dorés de taille moyenne avec 'Lutea' et 'Lane'; il devient jaune verdâtre en hiver et n'est pas d'apparence aussi brillante que les deux autres cultivars mentionnés.

Chamaecyparis lawsoniana
'Stewartii' *d'environ 7 ans.*

Chamaecyparis lawsoniana 'Tamariscifolia'. *Le feuillage, d'un vert brillant, est encore plus beau pendant l'hiver.*

Chamaecyparis lawsoniana 'Triumf van Boskoop'.

Chamaecyparis lawsoniana 'Tamariscifolia'

M 1–1,25 T.A. 2–3 m × 4–5 m
Avec l'âge il devient un buisson de moyenne ou de forte taille, à branches ascendantes, puis étalées, à ramilles pendantes formant alors un large parasol. Feuilles fines, légères d'un joli vert foncé parfois un peu glauque, couleur que l'arbre conserve pendant la mauvaise saison. Une très belle plante qui fait parfaitement ressortir les cultivars à feuillage doré plantés près d'elle.

Chamaecyparis lawsoniana 'Triumf van Boskoop'

M ou G 3–3,50 T.A. 15 m
Supplanté maintenant par 'Pembury Blue' et par 'Spek'; il possède des pousses espacées et lâches; il a besoin d'être taillé pour acquérir un port plus compact et plus attrayant.

Chamaecyparis lawsoniana 'Winston Churchill'

M 1,50–2 m
T.A. actuellement connue 6–8 m
D'obtention récente (1945), c'est un des meilleurs 'Lawson' dorés. De port conique, compact, on peut comparer sa couleur à celle de 'Lane'. Il a une croissance modérée et conserve sa riche coloration pendant toute l'année; pour cette seule raison, il mérite une place de choix dans les jardins.

Chamaecyparis lawsoniana 'Westermannii'

M 2–2,50 T.A. 8–10 m
Ce cultivar ancien a été introduit des Pays-Bas vers 1880; il est très distinct par son port pyramidal, modérément dense, ses branches étalées, ses ramilles pendantes, ses pousses jaune pâle et qui deviennent peu à peu jaune verdâtre. Conifère léger et gracieux.

Chamaecyparis lawsoniana 'Wissellii'

M 2–2,50 m T.A. 10–12 m
Ce cultivar est entièrement distinct de la plupart des autres 'Lawson' par ses feuilles appliquées, vert bleu, et ses branches dressées, espacées et plus ou moins contournées. Un arbre curieux et décoratif à la fois.

Chamaecyparis lawsoniana 'Westermannii'.

Chamaecyparis lawsoniana 'Wissellii'.

Un jardin de conifères et de bruyères, cultivés ici sur une grande échelle. Cette photo a été prise au mois de mars dans les jardins de bruyères du Parc de la Royal Horticultural Society à Wisley, Grande-Bretagne.

Chamaecyparis nootkatensis

G 2,5–3 m T.A. 20–25 m
Le cyprès de Nootka est un très bel arbre, originaire des mêmes régions d'Amérique du Nord que le 'Lawson', mais moins répandu que lui. Avec l'âge il acquiert un port pleureur et constitue de fort jolis spécimens. Son feuillage vert foncé est rude au toucher et dégage une odeur caractéristique au froissement. Dans les situations où il se plait, l'arbre atteint de fortes dimensions et exige un emplacement assez vaste.

Cette espèce et ses cultivars sont rustiques et peu délicats.

Chamaecyparis nootkatensis. Une plante de 10 ans.

Chamaecyparis nootkatensis 'Compacta'

N 75 cm T.A. 1,50–2 m

Buisson nain arrondi et dense, ayant quelque analogie avec un 'Pottenii', mais de couleur vert plus foncé. Contrairement à ce dernier, il est résistant et robuste et ne souffre pas des conditions climatiques défavorables.

Chamaecyparis nootkatensis 'Glauca', *de 4 ans.*

Chamaecyparis nootkatensis 'Glauca'

G 2–2,50 m T.A. 15–20 m

Comme l'espèce, il forme de très beaux sujets à isoler lorsqu'on dispose d'un emplacement suffisamment étendu; son feuillage épais, vert profond, nuancé de glauque le rend encore plus ornemental que le *C. nootkatensis*.

Chamaecyparis nootkatensis 'Aurea'

Chamaecyparis nootkatensis 'Pendula'. *Un bel exemplaire de 10 ans.*

Chamaecyparis nootkatensis 'Aurea'

G 2–2,50 m T.A. 12–15 m
Connu aussi sous le nom de 'Lutea', cet arbre forme un cône de vigueur modérée dont les jeunes pousses, d'un jaune doré brillant, deviennent progressivement jaune verdâtre. Il est très attrayant.

Chamaecyparis nootkatensis 'Pendula'

G 2–2,50 T.A. 12–15 m
Branches espacées s'étendant horizontalement, courbées à l'extrémité, longues ramilles pendantes donnant à l'arbre un port pleureur marqué. Les sujets sont assez longs à s'établir et doivent toujours conserver leur flèche dans la position verticale, au besoin par tuteurage pendant leur élevage. Le feuillage vert foncé de ce cultivar ressemble à celui de l'espèce.

Chamaecyparis obtusa

Cette espèce forestière du Japon où elle est connue sous le nom de 'Hinoki' n'est pas cultivée en Europe, mais elle a produit un grand nombre de cultivars dont beaucoup sont des plantes naines. La plupart d'entre eux ont des rameaux aplatis et un feuillage luisant, marqué de lignes blanches en dessous. Ils sont souvent utilisés dans l'établissement des jardins japonais et pour créer des 'Bonsai' arbres nains, élevés et conduits selon des techniques particulières, propres à l'horticulture japonaise.

Une scène du jardin de bruyères dans Bressingham Garden, où une plantation d'à peine 5 ans couvre entièrement le sol. Cette image a été prise au mois de juin, lorsque les bruyères ne sont pas encore fleuries mais où la diversité des couleurs et des formes est déjà évidente. Au premier plan, un Thuja orientalis 'Conspicua'.

Chamaecyparis obtusa 'Crippsii'. *Un bel exemplaire de 15 ans.*

Chamaecyparis obtusa 'Intermedia'

N 15 cm T.A. 30–40 cm
Obtenu en Grande-Bretagne, vers 1930, de semis de 'Nana Gracilis'. Plante miniature, pyramidale, compacte, d'un joli vert franc. On ne peut cependant la considérer comme une excellente plante de jardin, car elle tend à griller pendant l'été et à brûler en hiver; malgré celà, son meilleur emploi est dans les jardins alpins et les rocailles. C'est sans doute le conifère le plus nain qu'on peut rencontrer dans les jardins.
Deux autres formes tres naines, mais distinctes, de *Chamaecyparis obtusa* se trouvent chez certains spécialistes: 'Caespitosa' et 'Juniperoides'.

Chamaecyparis obtusa 'Crippsii'

M 1,50–2 m T.A. 5–6 m
Variété d'une riche couleur dorée et d'un port plutôt lâche. Il faut du temps et quelques soins pour en obtenir de beaux sujets, une taille légère périodique lui donne un peu de densité. Il a besoin d'une exposition ensoleillée et conserve une belle coloration pendant l'hiver; l'extrémité retombante de ses pousses lui donne une apparence gracieuse. Arbre superbe quand il est planté dans une situation qui lui convient.

Chamaecyparis obtusa 'Kosteri'

N 30–40 cm T.A. 1–1,25 m
L'aspect de ce cultivar est particulier, ses brindilles aplaties sont contournées, d'une couleur vert brillant en été, se nuançant de bronze pendant l'hiver. Il prend un certain temps pour acquérir ses caractères définitifs, mais devient alors une plante pleine de séduction.

Chamaecyparis obtusa 'Nana'

N 15–20 cm T.A. 50–60 cm
Ce *Chamaecyparis obtusa* est souvent confondu avec 'Nana Gracilis' quoiqu'il soit de végétation beaucoup plus lente et que ses rameaux étagés constituent un buisson miniature aplati au sommet.
C'est une plante idéale pour les jardins de rocailles; avec l'âge elle devient plus large que haute, mais jamais de manière telle qu'elle puisse être une cause d'encombrement, même dans les plus petits jardins.

Chamaecyparis obtusa 'Nana Gracilis'. *Un bel exemplaire de 15 ans.*

Chamaecyparis obtusa 'Nana Aurea'

N 30–40 cm T.A. 1,50–2 m
Ce cultivar est un des bons *C. obtusa* dorés; Ses parties ombragées sont vert clair; il conserve sa flèche et forme un large cône. De croissance lente. A ne pas exposer au grand soleil.

Chamaecyparis obtusa 'Nana Lutea'
Une plante de 5 ans, pendant l'hiver.

Chamaecyparis obtusa 'Nana Gracilis'

N 40–50 cm T.A. 2–3 m
Il est manifestement de croissance plus rapide que 'Nana' avec des ramilles plus grandes, aplaties en forme d'éventail et un feuillage lustré vert foncé. Avec l'âge il donne des sujets de silhouette largement conique. Très répandu dans les jardins et populaire à juste titre.

Chamaecyparis obtusa 'Pygmaea', *jeune plante de 4 ans.*

Chamaecyparis obtusa 'Nana Lutea'

N 20–30 cm T.A. 80–100 cm
Ce cultivar est souvent offert sous le nom de 'Nana Aurea', cependant c'est une plante plus attrayante. Il a un port compact, quelque peu semblable à 'Nana' mais légèrement plus lâche et un magnifique feuillage blanc et doré. Il semble garder sa belle couleur en hiver et peut être considéré comme un des meilleurs conifères nains. Rare en culture.

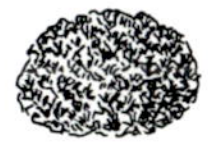

Chamaecyparis obtusa 'Pygmaea'

N semi prostré 15–20 cm × 50 cm
T.A. 0,75–1 m × 1–1,50 m
Les rameaux, aplatis en éventail et superposés forment un buisson bas et étalé dont le feuillage vert se bronze légèrement en hiver. Son sport 'Pygmaea Aurescens', plus vigoureux, se colore de bronze cuivré pendant l'hiver.

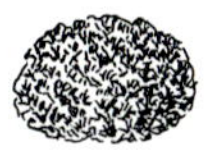

Chamaecyparis obtusa 'Tetragona Aurea'.

Chamaecyparis obtusa 'Tetragona Aurea'

M 60–90 cm T.A. 3–5 m
On ne peut confondre ce cultivar avec aucun autre en raison de son feuillage et de sa couleur; cependant, on peut l'observer sous différentes formes et sous différentes tailles; il possède plusieurs fortes branches que sa flèche ne domine pas nettement, son feuillage est très dense, luisant, d'une riche couleur d'or. Il a besoin de soleil pour acquérir toute sa beauté car, à l'ombre, il tourne au jaune verdâtre. Non taillé il a une forme arbustive irrégulière, aussi il est recommandable de le tailler légèrement pour améliorer sa forme et le rendre plus compact. Très beau cultivar parfois sensible au soleil brûlant et aux vents froids d'hiver.

Chamaecyparis pisifera
'Boulevard', *de 8 ans.*

Chamaecyparis pisifera
'Filifera Aurea'.
Plante de 5 ans, photographiée en février.

Chamaecyparis pisifera

Originaire du Japon, le 'Sawara' nous a donné plusieurs conifères de jardin de valeur. Presque tous ses cultivars aiment les sols frais et les situations humides; ils ne réussissent pas bien dans les situations arides et dans les terres lourdes et argileuses, particulièrement dans celles qui contiennent du calcaire.

Chamaecyparis pisifera 'Boulevard'

N ou M 1–1,20 m T.A. 3–4 m
Un remarquable cultivar d'introduction assez récente et qui est devenu rapidement populaire. Son feuillage, bleuâtre argenté intense durant l'été, demeure attrayant toute l'année. On doit le tailler légèrement pour l'aider à conserver un feuillage plus dense et éviter les 'trous' qui se produisent quelquefois dans la ramure des spécimens âgés.

Chamaecyparis pisifera 'Filifera Aurea'

N ou M 80–100 cm T.A. 3–4 m
Forme du 'Filifera' à la fine ramure filiforme, allongée, d'un joli jaune d'or toute l'année lorsqu'elle est convenablement ensoleillée; avec l'âge la plante acquiert la forme d'un large cône.

Chamaecyparis pisifera 'Nana'

N 10–15 cm T.A. 50–60 cm
C'est un des conifères les plus nains qui soient, il se forme en boule aplatie compacte, d'une couleur vert foncé bleuâtre. Un autre cultivar 'Compacta' vendu parfois sous le même nom est moins dense et donne de temps à autre une pousse plus longue qu'il faut supprimer.
'Nana' demeure très serré. Une forme panachée de jaune et de même port 'Nana Aureovariegata' est stable, elle a un bel aspect lustré et doré, en situation ensoleillée.

Chamaecyparis pisifera 'Filifera'. *Un exemplaire adulte, de forme très gracieuse.*

Chamaecyparis pisifera 'Nana', *de 5 ans.*

Chamaecyparis pisifera 'Plumosa Aurea Nana', *à 10 ans.*

Chamaecyparis pisifera 'Plumosa Rogersii'.

Chamaecyparis pisifera 'Plumosa Aurea'

M 1–1,50 m T.A. 5–6 m
Le feuillage des 'Plumosa' est un feuillage semi-juvénile, d'apparence plumeuse et plus soyeux que celui de l'espèce. Ce cultivar, de croissance lente, porte un feuillage d'or pâle qui tourne au jaune verdâtre; il est parfois bronzé pendant l'hiver.

Chamaecyparis pisifera 'Plumosa Aurea Nana'

N 50–60 cm T.A. 1–1,50 m
Une forme très compacte de 'Plumosa Aurea' qui, en outre, garde mieux sa teinte dorée tout l'hiver; il y en aurait plusieurs formes dans le commerce; la meilleure est celle que représente la photographie ci-dessus.

Chamaecyparis pisifera 'Plumosa Rogersii'

N 30–40 cm T.A. 80–100 cm
Arbuste conique, aux feuilles longues, du type 'Squarrosa', d'un jaune d'or brillant en été, s'atténuant quelque peu durant la mauvaise saison. Il souffre des vents froids et secs et tend à se dégarnir de la base avec l'âge. Lui réserver une situation abritée.

Chamaecyparis pisifera 'Squarrosa Sulphurea'

N ou M 1–1,50 m T.A. 3–4 m
De même port que le 'Squarrosa', ce cultivar, dont le feuillage est jaune soufre au début de l'été, tourne au vert bleuté au cours de la saison ou encore lorsqu'il est à l'ombre. Il est gracieux par son feuillage léger et plumeux.

Chamaecyparis pisifera 'Squarrosa Sulphurea'.

Chamaecyparis thyoides 'Andelyensis'. *Belle plante de 15 ans.*

Chamaecyparis thyoides

Cette espèce, originaire d'Amérique du Nord, donne un arbre de taille moyenne ou grande. On la rencontre du Maine à la Floride, prospérant particulièrement dans les terres marécageuses.

Chamaecyparis thyoides 'Andelyensis'

M 80–100 cm T.A. 3–4 m

C'est le cultivar le plus largement cultivé en Europe occidentale. Ses branches fortes et érigées forment un cône élancé, ses rameaux portent des feuilles courtes de couleur vert bleuté, les unes de type adulte, les autres de type juvénile.

Il pousse très lentement et ne risque pas de se montrer encombrant dans les 20 à 30 années qui suivent sa plantation. C'est une bonne plante de jardin, sauf dans les régions à climat rigoureux où il est insuffisamment rustique.

Chamaecyparis thyoides 'Ericoides'

N 40–60 cm T.A. 1–1,50 m

Arbuste vert grisâtre ou bronzé, tournant au pourpre violacé en hiver et attrayant pour cette raison; feuillage juvénile, sensible aux brûlures causées par les gelées et aux dommages occasionnés par la neige.

Ce cultivar a une apparence analogue à un cultivar juvénile de *Thuya occidentalis,* le *T. o.* 'Ericoides' avec lequel on peut le confondre et qui n'est ni plus rustique, ni plus robuste que lui.

Cryptomeria japonica 'Elegans'.

CRYPTOMERIA

Cryptomeria japonica *est la seule espèce de ce genre, mais elle a donné bon nombre de cultivars de valeur. Elle est originaire du Japon et de Chine ; elle constitue dans ces pays de vastes forêts où les arbres atteignent 40 à 50 m de hauteur. Ils forment de larges cônes, leurs feuilles en alène, appliquées sur les rameaux, sont vert brillant, elles deviennent bronzées en hiver, coloris particulièrement accentué chez certains cultivars.*
L'espèce n'est pas très répandue en raison de ses dimensions. Elle préfère les sols frais, comme ses cultivars d'ailleurs.

Cryptomeria japonica 'Elegans'

M 1,50–2 m T.A. 4–5 m
Ce cultivar à feuilles juvéniles, longues et flexibles, forme un petit arbre au feuillage vert grisâtre ou bleuté qui prend, dès les premiers froids et jusqu'au printemps, un coloris cuivre rougeâtre curieux et attrayant. Il demeure plus compact en situation ensoleillée et risque moins d'être endommagé par la neige ; parfois on doit maintenir par des attaches discrètes les branches des sujets d'une certaine force pour éviter ce type d'accident.

Cryptomeria japonica 'Monstrosa'. *Une plante de 5 ans, photographiée au mois de mars sur un fond d'Erica carnea* 'Winter Beauty'.

Cryptomeria japonica 'Globosa Nana'

N 30–50 cm T.A. 1–1,50 m
L'arbuste forme une boule aplatie, élégante plus large que haute dont les rameaux étroitement et irrégulièrement serrés, se recouvrent les uns les autres ; la couleur du feuillage, vert clair en été, glauque en hiver, ne doit pas être confondue avec celle de 'Globosa' qui tourne en une teinte rouille peu esthétique dès l'automne.

Cryptomeria japonica 'Monstrosa'

N 50–60 cm T.A. 2–2,50 m
Un arbuste gracieux et séduisant formant un buisson arrondi serré, d'où les jeunes pousses garnies des nouvelles feuilles sortent, au printemps, comme des tentacules. Vert clair en été il devient vert bronzé pendant l'hiver.

Cryptomeria japonica 'Spiralis'.

Cryptomeria japonica 'Spiralis'

N 40–60 cm T.A. 1,5–2 m

Ce cultivar est distinct par ses feuilles étroitement enroulées autour des rameaux, disposition qui lui a valu son nom. En outre, il reste vert toute l'année. De végétation très lente, il forme une ou deux flèches, sinon il demeure un arbuste irrégulier, quelque peu globuleux, déprimé. Il semble en exister deux clones différents: l'un d'aspect plus arborescent, l'autre qui correspond à celui décrit ici et qui est d'ailleurs le plus couramment offert par les pépiniéristes.

Cryptomeria japonica 'Vilmoriniana', *à 15 ans.*

Cryptomeria japonica 'Vilmoriniana'

N 25–30 cm T.A. 1 m

Conifère populaire, globuleux et dense, de végétation très lente, à branches courtes et à rameaux serrés, formant un buisson compact surtout en situation bien dégagée. Ses feuilles d'un joli vert lustré, tournent au bronze pourpré en hiver. Le centre de la plante, très dense, peut brûler lorsque la neige y persiste et gèle.
Un autre cultivar appelé 'Compressa', voisin de 'Vilmoriniana' est parfois vendu sous ce nom, il a une végétation encore plus compacte et prend une coloration brun pourpre plus accentuée pendant la mauvaise saison.

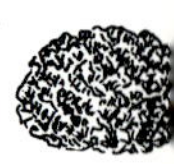

En haut, à droite:
Une partie du Pygmy Pinetum, dans le Wiltshire, où les conifères nains sont utilisés de façon très naturelle.

En bas, à droite:
conifères et bruyères dans le jardin de M. Bloom à Bressingham.

Cupressus arizonica 'Conica'.

CUPRESSUS

Avant que les botanistes séparent les deux genres, les espèces de Chamaecyparis *étaient incluses dans le genre* Cupressus; *c'est dire que les deux genres sont voisins.*
Les Cupressus *ont ordinairement un port conique ou en colonne, des rameaux arrondis et non aplatis et des cônes globuleux, plus gros que ceux des Chamaecyparis. Ils possèdent généralement une racine principale pivotante qui rend leur transplantation délicate, sauf s'ils ont été élevés en pots ou s'ils ont subi des transplantations périodiques. Il en existe quelques bons cultivars bien que tous ne soient pas parfaitement rustiques.*

Cupressus arizonica

M 2–3 m T.A. 12–15 m

Le cyprès de l'Arizona a une cime en cône étroit, lâche, des rameaux courts et forts et un feuillage vert plus ou moins glauque, sa variété *bonita,* appelée aussi *Cupressus glabra,* est beaucoup plus bleutée que l'espèce type.
Les pépinières françaises élèvent surtout les cultivars 'Conica' qui forme un cône étroit, d'une magnifique teinte bleutée ou bleu-gris, et 'Fastigiata' plus élancé et plus compact que le précédent et aussi d'un coloris légèrement plus pâle, il tend à le supplanter.

Tous font preuve d'une bonne rusticité, qualité qui n'est pas très courante chez les cyprès.

Cupressus macrocarpa

G 4,5–5 m T.A. 20 m
Le cyprès de Lambert (du nom de son introducteur), est un arbre de croissance rapide, formant une cime conique qui, après avoir perdu ses branches basses, acquiert une couronne large et parfois aplatie. Son feuillage est d'un joli vert franc. Il n'est malheureusement pas rustique partout, on ne peut le conseiller que dans les zones à climat maritime doux. Il résiste remarquablement bien aux embruns et rend de grands services dans les plantations de la zone littorale où on l'emploie pour constituer des rideaux ou des haies.
En Grande-Bretagne, il est peu à peu supplanté par *Cupressocyparis leylandii,* plus rustique.

Cupressus macrocarpa 'Goldcrest'. *Une plante de 8 ans.*

Cupressus macrocarpa 'Goldcrest'

M 2,5–3 m T.A. 8–10 m
C'est sans doute le meilleur cultivar doré de *C. macrocarpa* en raison de sa teinte jaune doré brillante, particulièrement en hiver; il doit être planté en plein soleil pour acquérir sa belle coloration. Il est voisin du cultivar 'Donard's Gold', lui-même amélioration du vieux cultivar 'Lutea', robuste et résistant aux conditions climatiques des zones côtières.

Cupressus sempervirens 'Stricta'

G 2,5–3 m T.A. 15–20 m
Ce cyprès est un clone en forme de colonne étroite du cyprès de Provence qui est très variable. C'est le 'cyprès d'Italie' des auteurs anglais dont la forme élancée et la teinte vert foncé est si caractéristique; il est cependant encore moins rustique que le *C. sempervirens* et ne donne satisfaction que sous les climats doux.

x Cupressocyparis leylandii, l'une des meilleures plantes pour haies.

x CUPRESSOCYPARIS *leylandii*

G 7–8 m T.A. 25–30 m
Cet hybride naturel entre *Cupressus macrocarpa* et *Chamaecyparis nootkatensis* est une des introductions les plus intéressantes de ces dernières années; il allie la rapidité de croissance du premier à la rusticité et au port gracieux du second.

Bien que plusieurs clones en ait vu le jour en Grande-Bretagne, au début du siècle, il n'a été multiplié et cultivé sur une large échelle que depuis dix ou quinze ans.

x Cupressocyparis leylandii de 5 ans.

A l'heure actuelle, il est probablement, l'un des conifères les plus couramment utilisés pour constituer des haies, rideaux et écrans. Comme haie, il exige une place suffisante, car il atteint 2,5 à 3 m de hauteur avec une largeur proportionnée; pour une haie basse ou moyenne, il est trop vigoureux.
Il s'adapte bien aux différentes conditions de sol et de climat et prospère en zone littorale. Il vaut mieux le planter en jeunes exemplaires, ceux-ci se fixent mieux au sol que les forts sujets. Une fois établi, le cyprès de Leyland croît avec vigueur, il s'allonge annuellement d'environ 1 m et forme une large colonne. Il supporte sans dommage les tailles, même sévères.
Pour former une haie, on doit le planter à 0,80–1 m d'intervalle et émonder les faces latérales jusqu'à ce que la haie atteigne la hauteur requise, hauteur qui ne doit pas être inférieure à 2,50–3 m.

GINKGO

Ginkgo biloba. Une jeune plante dans toute la beauté de ses couleurs d'automne.

G 1,5–2 m T.A. 25 m
Le Ginkgo n'est pas un conifère, mais constitue un genre voisin. Il en est l'ancêtre dont la souche remonte à plus de 150 millions d'années. Il ne ressemble guère aux autres conifères, ses feuilles caduques, en forme d'éventail, ont une couleur vert pâle qui tourne au jaune d'or au moment de leur chute. La seule espèce du genre: *Ginkgo biloba,* est rustique et de culture facile, bien que sa croissance soit plutôt lente au cours des premières années; il s'accommode de la plupart des sols, préférant cependant les terres profondes. L'espèce est dioïque, les exemplaires mâles de Ginkgo donnent généralement des arbres élancés à cime conique, régulière, les exemplaires femelles des arbres à couronne plus large et à branches plus étalées.

En haut, à droite:
Une partie du jardin de rocaille dans Longwood Gardens, en Pennsylvanie.

En bas, à droite:
Harmonie de formes et couleurs dans le jardin de M. Hawkins, dans le Suffolk.

Un talus planté de Juniperus sargentii et de Juniperus horizontalis 'Bar Harbor', *à l'entrée de Longwood Gardens en Pennsylvanie.*

JUNIPERUS

On peut classer les genévriers parmi les conifères de nos jardins les plus utiles et les plus beaux. Ils ont des formes et des couleurs très variables et montrent une grande tolérance aux diverses conditions de sol et de climat. Plusieurs genévriers à port prostré ou semi prostré sont extrêmement appréciés en art paysager et pour couvrir le sol ; certains d'entre eux sont devenus aussi populaires que les cultivars du cyprès de Lawson. Ils ont l'avantage de prospérer dans la plupart des sols, y compris ceux contenant une haute dose de calcaire; ils résistent bien à l'aridité et viennent mieux aux expositions ensoleillées qu'à l'ombre. Les Juniperus *possèdent à la fois, sur le même sujet, un feuillage adulte et un feuillage juvénile. Les feuilles adultes sont petites et en écailles, les feuilles juvéniles sont longues, pointues et en petites aiguilles. La proportion des unes et des autres varie suivant qu'on a affaire à une jeune plante portant uniquement un feuillage juvénile ou une plante âgée. Il est évident que ceci ne facilite pas l'identification des espèces et cultivars de genévriers.*

On peut en effet recevoir d'une pépinière un jeune sujet de Juniperus *qui ne correspond pas au nom porté sur son étiquette alors que la plante est authentique. Seulement, elle est jeune et a besoin de quelques années pour acquérir les caractères définitifs du cultivar.*

Juniperus chinensis 'Aurea'

M 1 m T.A. 4–5 m
Ce cultivar du genévrier de Chine a la même forme que l'espèce type, mais au lieu de son coloris vert grisâtre, il possède un coloris jaune d'or brillant dont l'éclat varie selon la nature du feuillage, juvénile ou adulte, et la saison : il s'atténue en effet un peu pendant l'hiver. Le feuillage juvénile a tendance à brûler au cours de l'hiver, pendant les premières années, aussi, bien que la plante ait besoin d'une exposition ensoleillée, vaut-il mieux lui réserver un peu d'ombre au début.
C'est un excellent conifère, conservant bien sa coloration ; il lui faut parfois un peu de temps pour former une flèche et prendre sa forme conique. Il mérite cependant qu'on se montre patient.

Juniperus chinensis 'Aurea', *de 7 ans.*

Juniperus chinensis 'Japonica'.

Juniperus chinensis 'Japonica'

N 50 cm T.A. 1,50–2 m × 2–2,50 m
Le feuillage en grande partie juvénile de ce cultivar est l'un des plus piquants de tous les genévriers ; l'arbuste forme un buisson vert clair, compact lorsqu'il est jeune et développant souvent une ou plusieurs pousses dressées avec l'âge. C'est une bonne plante de jardin, dotée d'une teinte et d'une forme particulières, et qui mérite d'être mieux connue.
Il existe une ou deux formes très voisines de 'Japonica' un peu plus compactes. Le cultivar 'Oblonga' est semblable au 'Japonica' comme forme, mais d'un coloris vert foncé.

Juniperus chinensis 'Kaizuka'.

Juniperus chinensis 'Kaizuka'

NM 1 m T.A. 3–4 m
Arbuste érigé, conique,à branches irrégulièrement déployées et à rameaux groupés à intervalles le long de celles-ci, produisant un effet curieux. Sa couleur brillante, vert franc permet d'excellents contrastes avec les conifères dorés. Plante charmante qui devrait figurer dans la liste des bonnes plantes de jardin; elle jouit déjà d'une grande popularité aux Etats-Unis.

Juniperus chinensis 'Pyramidalis'.

Juniperus chinensis 'Pyramidalis'

NM 1,50–2 m T.A. 3–4 m
C'est l'un des genévriers les plus bleus, sa vitesse de croissance est comparable à celle de *Chamaecyparis lawsoniana* 'Ellwoodii'. Les plantes élevées en pépinière comme *Juniperus chinensis* 'Stricta' sont presque identiques avec ce cultivar, sauf que 'Pyramidalis' est très piquant alors que 'Stricta' est doux au toucher; chez les deux plantes, le feuillage est entièrement juvénile, le port et la croissance similaires. Pour conserver à la plante un feuillage dense et éviter l'apparition de parties brunes dans sa ramure, il est conseillé de lui réserver une situation découverte.

Juniperus communis

Conifère très largement distribué du Japon à l'Amérique du Nord en passant par l'Asie et l'Europe. A l'état spontané, il forme un petit arbre ou un arbrisseau d'aspect variable. Il se plait dans les situations très ensoleillées et dans les sols maigres et calcaires. Ses feuilles verticillées par trois sont courtes et piquantes, elles sont vertes dessous, argentées dessus ce qui communique à la plante un coloris vert grisâtre.

Juniperus communis 'Compressa'

N 40 cm T.A. 80–100 cm
Formant une étroite colonne dense, ce minuscule conifère est l'un des meilleurs pour les jardins de rocailles. Les spécimens d'un mètre sont très rares, même ils ne sont pas très bien faits; la plante est en effet assez aisément endommagée par le froid et le vent. Cependant, si on a à faire une sélection de 10 conifères nains, il doit nécessairement y figurer. Il fait beaucoup d'effet planté en groupes de trois ou plus, en particulier sur des plantes tapissantes.

Juniperus communis 'Compressa'. *Ces exemplaires aux formes parfaites ont six ans et seulement 40 cm de hauteur.*

Juniperus communis 'Depressa Aurea'

N 1–1,50 m (diamètre)
T.A. 3–4 m (diamètre)
Semblable au genévrier du Canada (J.c. 'Depressa') et excellente plante de jardin comme lui, 'Depressa Aurea' est un cultivar plus décoratif, bronzé en hiver, l'extrémité des pousses s'ouvrant à la fin du printemps en une merveilleuse teinte jaune pâle; l'ensemble de la plante devient graduellement dorée et le demeure pendant le reste de l'été. Les feuilles sont piquantes et les branches prostrées. Réclame le plein soleil.

Juniperus communis 'Depressa Aurea'. *Groupe de plantes aux merveilleuses couleurs d'été, excellentes comme plantes couvre-sol.*

Juniperus communis 'Hibernica', *de 15 ans.*

Juniperus communis 'Hibernica'

M 1,50–2 m T.A. 4–5 m
Avec son port fastigié, le genévrier d'Irlande est probablement le plus connu des cultivars de *J. communis*; il forme une colonne étroite, d'un vert grisâtre. La neige et diverses causes tendent à lui faire perdre sa belle forme; il faut alors le maintenir en attachant ses branches avec discrétion. Le cultivar 'Suecica' ou genévrier de Suède est plus large et un peu plus vigoureux, avec un port moins serré et l'extrémité des rameaux inclinés.

Juniperus communis 'Repanda'

N 1–1,50 m (diamètre)
T.A. 2,50–3 m (diamètre)
Ce cultivar est un des meilleurs genévriers formant une carpette épaisse et dense. Son feuillage d'un beau vert, à peine bronzé en hiver, produit un bel effet lorsqu'il se trouve associé à d'autres genévriers rampants ou prostrés diversement colorés comme *J. horizontalis* 'Glauca' et *J. c.* 'Depressa Aurea'.

Juniperus communis 'Repanda'. *Un des meilleurs Juniperus couvre-sol.*

Juniperus davurica 'Expansa Aureospicata'.

Juniperus conferta. Une excellente plante couvre-sol.

Juniperus conferta

N 1,50–2 m (diamètre)
T.A. 3–4 m (diamètre)
Originaire des rivages du Japon, ce genévrier dont la hauteur n'excède pas 30 cm est prostré. Il est vigoureux et rend des services pour couvrir le sol, un talus ou s'étendre sur un muret, en plein soleil. Ses feuilles aciculaires en forme d'alène ont une brillante et fraîche couleur vert pomme.

Juniperus davurica 'Expansa Aureospicata'

N 30 cm × 1 m (diamètre)
T.A. 75 cm × 2–2,50 m (diamètre)
Ce cultivar a un feuillage entièrement juvénile vert-gris tacheté de jaune d'or; un cultivar voisin 'Expansa Variegata' un peu plus vigoureux est panaché de blanc crème. Tous deux sont de charmants arbustes, bien que les parties panachées du feuillage se montrent sensibles aux fortes gelées.

Juniperus horizontalis 'Bar Harbor'.

Juniperus horizontalis

Le nom commun de genévrier rampant désigne avec pertinence l'espèce et ses cultivars. Originaire d'Amérique du Nord où il est largement répandu, l'espèce a produit une quantité de cultivars, dont plusieurs sont malheureusement difficiles à distinguer les uns des autres. On peut les considérer comme d'excellentes plantes pour couvrir le sol, résistant aux températures extrêmes et prospérant dans la plupart des sols.
Il est difficile de trouver de meilleurs sujets pour recouvrir un muret ou pour garnir un talus. Quand on utilise une plante en spécimen isolé, son port est très attrayant; elle développe des branches filiformes ressemblant à des tentacules. La taille augmente la densité de la végétation qu'elle régularise permettant de créer de véritables tapis garnissant le sol. Chez certaines formes, les branches rampantes peuvent s'enraciner sur leur longueur, ce qui leur donne la possibilité d'un allongement complémentaire et donne aux plantes un très grand diamètre.
Un très grand nombre de cultivars sont élevés aux Etats-Unis, leur choix est plus limité en Grande-Bretagne et en Europe continentale.

Juniperus horizontalis 'Bar Harbor'

N 1,5–2 m (diamètre)
T.A. 3–4 m (diamètre)
Couvre-sol vigoureux dont l'extrémité des tiges se relève gracieusement donnant à l'arbuste une vingtaine de centimètres de hauteur. Ses fins rameaux portent des feuilles gris brunâtre en été, tournant au mauve en hiver. Comme la plupart des *J. horizontalis*, il préfère une situation ensoleillée et tend à se dégarnir lorsque l'ombre est épaisse. Aux Etats-Unis, ce nom recouvre plusieurs clones et on dit qu'il en existe autant de formes différentes que de pépiniéristes!

Juniperus horizontalis 'Glauca'. *Une des meilleures plantes tapissantes.*

Juniperus horizontalis 'Douglasii'

N 1,50–2 m (diamètre)
T.A. 3–4 m (diamètre)
Aux Etats-Unis, ce cultivar est utilisé sur une vaste échelle comme couvre-sol. Bien que rampante, la plante émet sur le côté de ses branches étalées des rameaux redressés qui atteignent 40 à 50 cm au-dessus du sol. Son feuillage, à la fois adulte et juvénile, fin, vert foncé grisâtre, devient brun pourpre en hiver, dans les situations bien découvertes.

Juniperus horizontalis 'Glauca'

N 2–2,50 m (diamètre)
T.A. 3–4 m (diamètre)
Absolument appliqué sur le sol, l'arbuste développe de nombreux rameaux filiformes, garnis d'un feuillage plus épais que celui des deux cultivars précédents et d'un coloris bleu d'acier tournant au pourpre violacé pendant l'hiver. La plante s'élève avec l'âge par superposition des jeunes pousses sur les anciennes; c'est l'un des meilleurs couvre-sol, on peut même l'utiliser comme un gazon.

Juniperus horizontalis 'Montana', *qui est également une très bonne plante couvre-sol.*

Juniperus horizontalis 'Plumosa'

N 1–1,50 m (diamètre)
T.A. 2,50–3 m (diamètre)
Ce genévrier à port étalé a des branches qui s'étendent à faible distance du sol et sur lesquelles des rameaux se dressent obliquement à 45° environ ce qui donne à l'arbuste une hauteur d'une cinquantaine de centimètres; il est couvert de feuilles plumeuses, en forme d'alène, d'une coloration gris-vert prenant une teinte pourpre violacé pendant l'hiver.

Juniperus horizontalis 'Montana'

N 1,50–2 m (diamètre)
T.A. 3–3,50 m (diamètre)
Joli cultivar à longues branches rampantes, minces, garnies d'un feuillage serré de coloris vert bleuâtre argenté. Introduit par Hillier and Sons de Winchester (G.-B.). On assure qu'il est l'un des plus distincts et des meilleurs cultivars de *Juniperus horizontalis*.
Il n'est pas douteux que nous assisterons à une vogue croissante de ces *Juniperus horizontalis* au cours de ces prochaines années.

Juniperus horizontalis 'Wiltonii'

N 2–2,50 m (diamètre)
T.A. 3–4 m (diamètre)
Pour tous les emplois, il est pratiquement identique à 'Glauca', mais il est peut être légèrement plus aplati et de croissance plus lente que ce cultivar, avec un feuillage plus bleu argenté.
Les américains lui donnent des noms évocateurs: genévrier 'Tapis bleu' et genévrier 'Wilton carpette' qui augmentent encore sa popularité.

Juniperus x media

Ce nom d'espèce est adopté par certains auteurs, mais pas par tous, pour désigner plusieurs variétés précédemment considérées comme appartenant à *Juniperus chinensis* et dans lesquelles les caractères de *Juniperus sabina* sont plus ou moins évidents.
Le croisement en cause se serait produit naturellement dans le nord-est de l'Asie. Ce groupe de cultivars comprend quelques conifères de grande valeur pour la décoration des jardins; il peut être divisé en deux principales sections: 'Plumosa' au feuillage principalement adulte et doux au toucher et 'Pfitzeriana' au feuillage adulte et juvénile, légèrement piquant.

Juniperus x media 'Blaauw'

N 1–1,20 m   T.A. 1,50–2 m
Branches principales dressées, puis s'écartant vers l'extérieur, feuillage formé d'écailles vert foncé nuancé de bleu qui demeure de la même teinte toute l'année.

Juniperus x media 'Blaauw'.

Juniperus x media 'Hetzii'

M 1–1,50 m × 2 m
T.A. 2–2,50 m × 3–3,50 m
Cultivar vigoureux, utilisé sur une large échelle en art paysager. Très rustique et tolérant aux diverses conditions de sol, 'Hetzii' peut être employé en spécimens, pour constituer des haies basses ou des couverts impénétrables. Une taille régulière peut améliorer la densité et l'aspect de la plante. Il conserve son coloris gris bleuté toute l'année. Cependant, on doit savoir qu'en raison de son développement, il n'est réellement à recommander que là où la place ne lui est pas mesurée.

Juniperus x media 'Old Gold'

N 1 m × 1,25 m   T.A. 2 m × 2,50 m
D'introduction récente, ce cultivar provient d'une mutation de *J. m* 'Pfitzeriana Aurea'; il diffère de celui-ci par son port plus compact et le coloris doré que ses jeunes pousses conservent toute l'année. On ne peut cependant le considérer comme supérieur à 'Pfitzeriana Aurea' qu'il peut remplacer lorsque l'emplacement n'est pas assez vaste pour ce dernier.

Juniperus x media 'Pfitzeriana'

M 75 cm–1 m × 2 m   T.A. 2–3 m × 3–4 m
Répandu et vigoureux, le genévrier de Pfitzer est largement utilisé en art paysager. Les exemplaires âgés varient considérablement comme port, allant des formes étalées, prostrées aux formes arborescentes. Les principales branches portent des rameaux dont l'extrémité retombe gracieusement et qui sont garnis de feuilles vert brillant, presque toutes adultes. Il est très rustique et prospère dans la plupart des sols et des situations; il résiste mieux à l'ombre que les autres genévriers. Comme 'Hetzii', c'est une excellente plante pour divers emplois.

Juniperus x media 'Hetzii'.

Juniperus x media 'Old Gold'.

Juniperus x media 'Pfitzeriana' *âgé de 15 ans.*

Juniperus x media 'Pfitzeriana Aurea'

M 75 cm–1 m × 1,50–2 m
T.A. 1,50 m × 3 m

Le Pfitzer doré est de croissance moins rapide que le Pfitzer. Ses pousses, jaune d'or au début de l'été passent progressivement au jaune verdâtre pendant l'hiver; sa couleur est très attrayante. Son port plus étalé, élégant le désigne tout particulièrement pour être plante en spécimens isolés ou en groupes, par exemple pour encadrer une porte d'entrée, marquer une séparation dans une plate-bande ou encore pour masquer un coin déplaisant. 'Hetzii' et 'Pfitzeriana' ont les mêmes emplois, mais l'utilisation simultanée de ces deux ou trois genévriers très attrayants peut apporter une agréable diversité.

Juniperus x media 'Plumosa Aurea', *de 12 ans.*

Juniperus x media 'Pfitzeriana Aurea'. *C'est au début de l'été, lorsque apparaissent les jeunes pousses, que ce cultivar est le plus beau.*

Juniperus procumbens 'Nana', *pendant l'hiver.*

Juniperus recurva 'Embley Park'.

Juniperus x media 'Plumosa Aurea'

M 75 cm–1 m × 1 m T.A. 2–3 m × 2–3 m
Ce cultivar porte principalement le feuillage adulte du type, mais d'un délicieux jaune d'or passant au bronze doré en hiver; ses branches ascendantes, déjetées, sont gracieusement arquées ainsi que l'extrémité des rameaux. Bien qu'il croisse lentement pendant plusieurs années, il est plus vigoureux que le type et peut constituer d'assez grands spécimens. Deux formes panachées 'Plumosa Albovariegata' et 'Plumosa Aureovariegata' sont bien décrites par leur nom.

Juniperus procumbens

N 30 cm × 1 m T.A. 50 cm × 2 m
De croissance lente, largement étalé, ce genévrier relève l'extrémité de ces tiges; ses feuilles aciculaires et pointues sont vert bleuâtre, teintées de pourpre en hiver. Comme plante de jardin, il est cependant inférieur à la forme ci-après.

Juniperus procumbens 'Nana'

N 20 cm × 80 cm T.A. 30 cm × 1,50 m
Croissant au ras du sol, de végétation compacte, il possède un feuillage vert pomme brillant; l'extrémité des rameaux dressés a des feuilles plus courtes et plus denses que *J. procumbens*. Forme très séduisante qui constitue une excellente plante pour couvrir le sol ou garnir les talus; il garde sa couleur toute l'année. Le cultivar 'Bonin Isles' semble identique à lui.

Juniperus recurva 'Embley Park'

N 20 cm × 75 cm T.A. 30 cm × 2–3 m

Ce cultivar, qui n'est pas largement répandu, mérite d'être mieux connu. Il forme un buisson à branches étalées, puis redressées, couvertes d'un feuillage aciculaire d'un riche coloris vert qui persiste tout au long de l'année.

Juniperus sabina 'Blue Danube'.

Juniperus sabina

Très variable dans son aspect, l'espèce n'est pas très belle, mais elle a donné plusieurs excellents cultivars. Ceux-ci sont prostrés où semi-prostrés et reconnaissables à l'odeur désagréable et caractéristique de sabine lorsqu'on froisse leurs rameaux. On trouve à la fois le feuillage adulte et le feuillage juvénile sur la plupart des plantes.

Juniperus sabina 'Arcadia'

N 30 cm × 1 m T.A. 60 cm × 2–3 m
Semi-prostré, ce genévrier peut s'étendre naturellement par marcottage de ses branches comme beaucoup de sabines. Son port rappelle celui de 'Tamariscifolia' mais son feuillage est vert brillant. Très populaire aux Etats-Unis, de même que deux autres cultivars : 'Skandia', vert foncé, et 'Broadmoor', vert gris. Tous trois paraissent résistants à la rouille des genévriers qui affecte gravement 'Tamariscifolia'.

Juniperus sabina 'Blue Danube'

M 0,60 m × 1,50 m T.A. 1,20 m × 3 m
Malheureusement cette plante ne correspond pas à son nom évocateur, son coloris est gris bleuâtre sombre. Utilisée comme couvre-sol.

Juniperus sabina 'Tamariscifolia'

N 20 cm × 1 m T.A. 50 cm × 2–2,50 m
Le plus populaire des genévriers sabine. Cette variété spontanée constitue une plante séduisante avec ses branches étalées horizontalement et se recouvrant les unes les autres avec l'âge. Il fait beaucoup d'effet sur un talus ou un muret, situation où son port et son feuillage aciculaire dense, d'un beau vert légèrement glauque, sont parfaitement mis en évidence. En culture, il en existe plusieurs clones différents les uns des autres par l'intensité de leur coloris.

Juniperus sargentii. Une bonne plante couvre-sol.

Juniperus sargentii

N 30 cm × 1–1,50 m
T.A. 50 cm × 2,50–3 m
Couramment cultivé aux Etats-Unis comme couvre-sol, le genévrier de Sargent est prostré à feuillage surtout squamiforme, dense, vert clair. Il existe deux cultivars de *J. sargentii:* 'Glauca', vert bleuté, de croissance plus lente et 'Compacta', plus petit et d'un vert plus foncé que le type.

Juniperus scopulorum

Le genévrier des Montagnes Rocheuses a produit beaucoup de cultivars de valeur. La plupart d'entre eux ne sont pas aussi connus en Europe occidentale qu'en Amérique, mais ils peuvent se révéler de bonnes plantes de jardins comme ils le sont aux Etats-Unis.

Juniperus sabina 'Tamariscifolia'.

Juniperus scopulorum 'Blue Heaven'

M 2 m T.A. 5 m
Conifère de port conique, élégant, de texture serrée dont le feuillage remarquablement bleu, le demeure toute l'année. Obtention récente.

Juniperus scopulorum 'Gray Gleam'

M 2 m T.A. 5–6 m
C'est une remarquable introduction de ces dernières années; il peut être comparé à un *J. scopulorum* 'Skyrocket', dense et gris argenté. Contrairement à beaucoup d'autres *J. scopulorum* qui s'assombrissent et deviennent ternes en hiver, son coloris s'accentue et devient plus brillant. Le cultivar 'Hill's Silver' a même apparence et 'Pathfinder' mérite également une mention pour sa silhouette en cône large bleu gris tournant au violet pendant l'hiver.

Juniperus scopulorum 'Skyrocket', *de 10 ans.*

Juniperus scopulorum 'Skyrocket'

M 2–2,50 m T.A. 6–7 m

C'est probablement le plus étroit de tous les conifères; le nom de 'Skyrocket' le décrit pertinemment. Il a un feuillage squamiforme fin, bleu grisâtre et pousse rapidement. On remarque des spécimens plus étroits que d'autres surtout quand ils sont plantés en situation couverte ou ombragée. Comme le montrent les photographies c'est une plante de valeur aussi bien en spécimens isolés qu'en groupes.

Un groupe de sept Juniperus scopulorum 'Skyrocket' *dans le Norfolk.*

Juniperus scopulorum 'Springbank'.

Juniperus scopulorum 'Springbank'

M 1,50–2 m T.A. 5–6 m

Ce cultivar a de fines branches dressées, formant une cime quelque peu lâche, et un feuillage très distinct gris argenté, particulièrement en été.

Juniperus scopulorum 'Tabletop Blue'

M 1 m × 2 m T.A. 2 m × 5 m

Arbuste à branches largement étalées, à rameaux fins, portant de très petites feuilles étroitement appliquées et d'un bleu argenté remarquable. Il est souvent nécessaire de lui appliquer quelques émondages pour accroître sa densité.

Juniperus squamata

Cette espèce, rarement offerte, nous a donné quelques cultivars intéressants; la plupart sont arbustifs avec des feuilles en alène, d'apparence semblable à *J. procumbens* et à *J. recurva*. *J. squamata* et ses formes peuvent être distingués de ces espèces par la tendance qu'ont les extrémités de leurs jeunes pousses à s'incliner vers le sol.

Juniperus squamata 'Blue Star'

N 40 cm × 50 cm   T.A. 1 m × 1,50 m

D'introduction très récente, 'Blue Star' forme un buisson dense, bleu d'acier; la forme et la couleur de ses feuilles sont semblables à celles de 'Meyeri' dont il est issu par mutation. Il promet de devenir populaire. Ses dimensions adultes sont une simple estimation.

Juniperus squamata 'Meyeri'

NM 1,25 m   T.A. 3–4 m

Introduit de Chine aux Etats-Unis en 1914, ce cultivar est très répandu depuis dans ce pays et en Europe occidentale. Avec l'âge, il devient un arbrisseau mais il est plus séduisant dans ses premières années, à moins qu'il soit taillé à intervalles réguliers afin de supprimer les ramilles desséchées qui forment des plages brunes à sa base. Le feuillage bleu d'acier est dense, les branches ascendantes et irrégulières ont l'extrémité retombante, caractéristique de l'espèce.
Un des plus jolis conifères bleus, surtout en jeunes exemplaires.

Juniperus virginiana

Le genévrier de Virginie a le même port que *J. scopulorum;* il est originaire de l'est des Etats-Unis et le second de l'ouest. L'arbre est de moyenne ou de grande taille, il a produit de nombreux cultivars. Le feuillage est principalement adulte et il est souvent confondu avec celui de *Juniperus chinensis* qui a toutefois davantage de feuilles juvéniles plus denses. Toutes ses formes sont très rustiques et s'accommodent de la plupart des sols pourvu qu'ils ne soient pas trop secs.

Juniperus squamata 'Blue Star', *de 6 ans.*

Juniperus squamata 'Meyeri'.

Juniperus virginiana 'Burkii', *en hiver.*

Juniperus virginiana 'Burkii'

M 2–2,50 m T.A. 4–5 m

Un des plus séduisants cultivars à port dense et compact et à feuillage adulte et juvénile, bleu gris en été, bleu acier teinté de pourpre en hiver.

Juniperus virginiana 'Grey Owl'

NM 40 cm ×2 m T.A. 1 m ×3–4 m

Cette plante est l'hybride présumé entre *J. virginiana* 'Glauca' et *J. media* 'Pfitzeriana'. Il porte de fines branches étalées et des feuilles surtout squamiformes d'un coloris distinct gris bleuté. Excellente plante pouvant être utilisée pour couvrir le sol avec d'autres conifères prostrés ou semi-prostrés; vigoureux, il acquerra une ramure plus dense si on taille ses branches principales.

Juniperus virginiana 'Grey Owl'. *Opposition heureuse de formes et de couleurs.*

LARIX

Les mélèzes constituent un des rares genres de conifères à feuilles caduques. Ils croissent rapidement et deviennent de grands arbres; aussi, ne conviennent-ils que dans les parcs ou les bois, mais dans ces situations ils allient la beauté, la grâce et le caractère. Les feuilles sont réunies en rosettes sur les branches, comme chez les cèdres. Au printemps, elles ont un joli coloris vert tendre, très séduisant; de même, en automne, elles deviennent jaune d'or avant de tomber. Pendant l'hiver, l'aspect ramifié de la cime est accentué par le givre.
Les mélèzes sont plantés en forêt, ils prospèrent dans presque tous les sols, excepté dans ceux qui sont trop humides ou crayeux; ils montrent une extrême résistance aux conditions climatiques défavorables.

Larix decidua 'Fastigiata'

Larix decidua

G 5 m T.A. 25–30 m
Le mélèze d'Europe forme un grand arbre à cime conique, puis irrégulière; avec l'âge, il perd ses branches basses, les autres ont alors tendance à retomber. Les pousses feuillées sont vert tendre, elles virent au jaune en automne. Les sujets âgés produisent de petits cônes ovoïdes, brun clair, mûrissant la première année.
Largement répandu dans les Alpes et les Carpates où il croît jusqu'à 2000 m d'altitude, c'est essentiellement une essence forestière.

Larix leptolepis. Cet exemplaire a été taillé pour lui donner cette forme étonnante.

Larix leptolepis

G 6 m T.A. 25 m
Comme le mélèze d'Europe, le mélèze du Japon ne convient que dans les grands jardins ou les parcs où la place ne lui est pas mesurée. On le reconnait à ses rameaux brun rougeâtre (et non gris) et à ses feuilles vert bleuté devenant beige en automne. Il est plus vigoureux que le mélèze d'Europe, au moins dans la première partie de son existence; pour cette raison, il est apprécié des planteurs forestiers.

LIBOCEDRUS

Libocedrus decurrens

G 2,5–3 m T.A. 20–25 m
Bel et grand arbre dont la croissance est suffisamment modérée pour être utilisé dans les jardins. Il forme une large colonne d'un beau vert foncé, coloris qu'il conserve toute l'année. Les branches sont courtes et les ramilles aplaties en éventail.
Cette espèce garde ses branches basses même chez les exemplaires âgés, ce qui est une qualité pour un arbre de jardin. Dans un grand jardin ou un parc,un groupe de trois exemplaires ou plus produit beaucoup d'effet surtout quand on peut l'admirer à distance. Le *Libocedrus* est voisin des *Thuja* et non des *Cedrus ;* son véritable nom est *Calocedrus,* genre provenant du démembrement de l'ancien genre *Libocedrus ;* ce dernier nom lui est attribué plus couramment dans la pratique que son vrai nom botanique.

Libocedrus decurrens 'Aureovariegata'

Ce cultivar pousse plus lentement que le type vert ; il a un port et un feuillage analogues, mais ce dernier est taché irrégulièrement de jaune doré ce qui donne à l'arbre un attrait particulier.

Libocedrus decurrens 'Aureovariegata'.

Libocedrus decurrens. Un bel et vieil exemplaire.

METASEQUOIA

Ce genre, connu comme fossile et présumé éteint, fut trouvé en Chine en 1941. Depuis sa découverte, il s'est rapidement et largement répandu dans le monde entier où on le rencontre dans de nombreux arboretums, parcs et jardins.

Metasequoia glyptostroboides.

Metasequoia glyptostroboides

G 4–5 m T.A. 20–30 m (hauteur présumée)
La seule espèce du genre est un arbre de forte végétation, à port pyramidal, ressemblant à *Taxodium distichum*, mais plus étroit, à ramure moins serrée et à feuilles plus grandes. Les pousses portent des feuilles aplaties, opposées, de coloris vert tendre tournant au jaune bronzé à la fin de l'été.
Le *Metasequoia* est entièrement rustique et croît très rapidement, nettement plus vite que le Taxodium, il se plait dans les terres fraîches, mais bien drainées et aime les atmosphères humides. Il supporte bien les tailles et tontes. C'est un arbre intéressant lorsqu'il dispose d'assez de place pour acquérir tout son développement.

PICEA

Genre de conifères des plus importants, les épicéas ont produit une multitude de cultivars constituant d'excellentes plantes de jardins. Les espèces ont un port conique, en particulier celles à grande végétation, mais il existe une telle variété de cultivars qu'on peut y trouver à peu près toutes les formes.

Les Picea *produisent des cônes qui, contrairement à ceux des* Abies, *sont pendants au lieu d'être dressés.*

D'autre part les feuilles en courtes aiguilles sont généralement épaisses, exceptionnellement plates comme celles des Abies chez quelques espèces et les bourgeons dormants sont souvent remarquables. Le coloris que revêt le feuillage des diverses espèces et variétés de Picea comprend de nombreuses teintes dont la gamme s'étend au vert, au bleu, au vert argenté et au vert grisâtre.

Ils s'accommodent de la plupart des sols, mais seules une ou deux espèces prospèrent dans les terres pauvres et sèches; ils ne supportent pas tous non plus les situations très ensoleillées. Enfin, plusieurs d'entre eux sont sensibles à l'action des gelées printanières et à celle des parasites, en particulier des araignées rouges.

Picea abies

G 3 m T.A. 25–30 m

L'épicéa commun est le plus largement cultivé des *Picea,* il est familier à tous les européens comme l'arbre de Noël type. Sa forme caractéristique n'en fait pas une excellente plante de jardin car s'il est assez attrayant en jeunes sujets, souvent il devient quelque peu disgracieux avec l'âge, en particulier s'il a été utilisé pendant plusieurs années pour les décorations de Noël.

Il constitue un grand arbre, au feuillage vert sombre et aux bourgeons bruns, dont les branches de la base finissent par se courber et aussi malheureusement par se dénuder au fil des années. On l'utilise principalement pour les plantations forestières; on le rencontre à l'état naturel dans les forêts du centre et du nord de l'Europe.

Les formes naines ont ordinairement pour origine un balai de sorcière qui se produit sur un arbre normal à partir d'une pousse rabougrie ou atteinte d'une malformation; par bouturage, on propage ces pousses curieuses. Les plantes qui en résultent son sujettes à un retour au type; on doit donc supprimer avec soin tout rameau vigoureux qu'elles pourraient produire.

Il existe un grand nombre de ces formes naines en culture et une certaine confusion entre elles se produit souvent dans les pépinières.

Picea abies est souvent dénommé *Picea excelsa* dans les catalogues.

Picea abies 'Acrocona'

M 1,75–2 m T.A. 4–5 m

Ce cultivar est surtout curieux par son aptitude à produire des cônes dès son jeune âge. On peut voir sur cette photographie un sujet de cinq ans qui a formé plusieurs longs cônes à l'extrémité de ses branches. La plante constitue un grand buisson étalé, s'il n'est pas tuteuré dans sa jeunesse, avec des branches retombantes.

Trouvé en Suède à la fin du siècle dernier, il figure dans le catalogue de plusieurs pépiniéristes.

Picea abies 'Acrocona', *avec ses cônes remarquables, au début de l'été.*

Picea abies 'Clanbrassiliana'.

Picea abies 'Clanbrassiliana'

N 20–30 cm T.A. 1,5–2 m × 2–2,50 m
Les spécimens de ce cultivar apparaissent quelque peu variables, d'autant plus qu'on vend sous ce nom des plantes qui ne ressemblent guère à la véritable variété. Celle-ci forme un buisson globuleux de croissance très lente, parfois presque aplati au sommet quand il est jeune, mais se développant avec l'âge en un petit arbre à cime arrondie. Il possède une ramure très dense avec de gros bourgeons coniques brun rougeâtre qui attirent l'attention en hiver; ses feuilles sont vert franc ou vert clair et leur taille varie beaucoup sur les différentes pousses d'une même plante.
Une forme semblable, largement répandue comme 'Clanbrassiliana', est aussi une bonne plante de jardin, elle est plus dense avec des feuilles plus petites; Mr Welch pensait qu'il pourrait s'agir de 'Clanbrassiliana Elegans', mais de récentes recherches l'ont convaincu que le nom correct de cette forme à petites feuilles est 'Elegans'.

Picea abies 'Gregoryana'

N 20 cm T.A. 50–60 cm × 1,50 m
Un des plus répandus des épicéas nains, très semblable à la trop rare variété 'Echiniformis' avec laquelle il est souvent confondu; tous deux forment un coussin serré et dense, plus large que haut, au contour souvent irrégulier sur les plantes âgées. Les fins bourgeons globuleux sont jaune verdâtre et les feuilles, petites, vert grisâtre sombre. 'Gregoryana' diffère de 'Echiniformis' par sa plus grande compacité et par ses feuilles moins pointues et plus courtes, non piquantes, d'une teinte vert grisâtre et non vert pâle.

Picea abies 'Nidiformis'

N 30–40 cm × 50–60 cm
T.A. 1,50 m × 2,50 m
C'est un excellent cultivar, caractéristique par son port étalé et sa partie supérieure aplatie, comme un nid volumineux. Très estimé sur le Continent, il mériterait d'être plus connu et plus répandu en Grande-Bretagne. Sa couleur est vert sombre et, comme chez de nombreux cultivars de l'épicéa commun, elle est très séduisante quand à la nouvelle pousse les extrémités des rameaux ont une brillante teinte vert gai.

Picea abies 'Ohlendorffii'

N 30–40 cm T.A. 1,50–2 m
Autre introduction du Continent, cet épicéa forme un large buisson conique pourvu d'un feuillage dense; les branches se déploient vers le haut et vers l'extérieur et les rameaux un peu dans toutes les directions, ce qui lui donne un aspect irrégulier. Les bourgeons proéminents en hiver sont brun orange foncé, les feuilles petites ont un coloris vert jaunâtre clair.

Picea abies 'Gregoryana'. *Un exemplaire de plus de 15 ans.*

Picea abies 'Nidiformis'. *L'un des épicéas nains les plus connus.*

Picea abies 'Ohlendorffii' *de 10 ans.*

Picea abies 'Procumbens'

N 20–30 cm × 2 m T.A. 1 m × 3–4 m
Bien que classé parmi les conifères nains, c'est un des plus vigoureux des cultivars prostrés de *Picea abies ;* il peut couvrir une grande surface. Ses branches se marcottent et les ramilles se dressent, elles portent des feuilles de teinte vert gai.

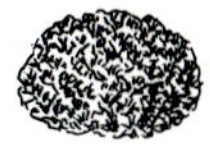

Picea abies 'Pumila'

N 20–30 cm × 2 m T.A. 1 m × 3–4 m
Ce cultivar forme un buisson irrégulier, aplati, avec les branches basses semi-prostrées, les supérieures plus dressées et le feuillage d'un beau vert. Le 'Pumila Nigra', qui a la même forme mais qui est d'un vert plus sombre et terne, se rencontre plus communément dans les pépinières. Tous deux sont des conifères à croissance lente, tout à fait indiquées lorsqu'on a besoin de plantes moins prostrées que 'Procumbens'.

Picea abies 'Reflexa'

N-M ou prostré 20 cm × 2 m
T.A. 30 cm × 3–4 m
Il est difficile de fixer une hauteur et un développement définitifs à ce cultivar; lorsqu'on le laisse croître naturellement, il devient une plante prostrée, trainante de plusieurs mètres de diamètre; si on l'élève sur un tuteur lorsqu'il est jeune, on obtient un arbre de plusieurs mètres de hauteur.
Un tel arbre, avec ses branches principales pleureuses et toutes ses jeunes pousses retombant vers le sol est très séduisant, de même que le sujet non tuteuré, planté dans une grande rocaille sur laquelle il s'étend en cascade. Le feuillage est vert foncé ou vert grisâtre et les bourgeons proéminents, orange-brun.
Un autre cultivar: 'Inversa', forme une étroite colonne avec des branches complètement pleureuses.

Picea breweriana.

Picea glauca 'Conica'. *Un très vieil exemplaire, photographié en hiver.*

Picea engelmannii.

Picea glauca 'Conica', *de 8 ans, avec ses jeunes pousses au printemps.*

Picea breweriana

M 1,50–2 m T.A. 12–15 m
Un des plus remarquables conifères ; cet épicéa est populaire à juste titre quoiqu'il ne soit pas toujours facile à élever.
Son port forme un large cône, ses branches sont garnies de longs rameaux pendants avec un épais feuillage d'un vert bleuté sombre. Comme beaucoup de formes pleureuses, il ne produit vraiment son plein effet que lorsqu'il atteint l'âge adulte et qu'il est bien garni. Originaire du nord-ouest des Etats-Unis, il réussit sous tous les climats et dans toutes les situations, surtout où les pluies sont abondantes. Il préfère le plein soleil.

Picea engelmannii

M 1,50–2 m T.A. 12–15 m
Cette espèce peu connue est attirante par son port en large cône et son feuillage dense d'un coloris variant du vert glauque au bleu acier. Elle porte des cônes rougeâtres qui deviennent brun clair à maturité. Natif des Montagnes Rocheuses, elle a une bonne croissance sauf dans les régions sèches.

Picea glauca 'Conica'

N 1 m T.A. 2–2,50 m
Un des conifères les plus populaires, largement répandus dans les jardins d'Europe et d'Amérique du Nord. Originaire du Canada et introduit en France par R. Chenault d'Orléans, il forme un cône parfait comme s'il avait été taillé ; son feuillage dense, d'un joli vert tendre, surtout à la fin du printemps quand la pousse s'achève, en font une plante particulièrement attirante. Malheureusement, il se montre d'une sensibilité extrême aux attaques des araignées rouges qui provoquent dans sa ramure si régulièrement unie des taches brunes dépourvues de feuilles. Il convient donc de le surveiller attentivement et de lui appliquer pendant l'été les traitements insecticides nécessaires. Sa croissance est lente. Il est également connu sous le nom de *P. glauca albertiana* 'Conica'

Picea mariana 'Nana'

N 10 cm T.A. 30 cm × 50 cm
Cette forme très naine de la sapinette noire est plutôt rare en culture ; c'est cependant une excellente plante de rocaille ; elle pousse en boule serrée, régulière, gris bleuté, le bleu prédominant pendant l'été. Très rustique, délicate et charmante.

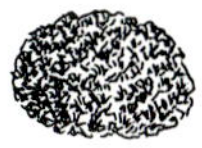

Picea mariana 'Nana'. *Une plante qui a déjà 15 ans !*

Picea omorika, en hiver.

Picea omorika

Détail de fructification de Picea omorika.

G. 3 - 3,50 m T.A. 20 - 25 m
L'épicéa de Serbie peut être recommandé comme l'un des meilleurs des épicéas de grande taille pour l'ornementation des jardins. Il est à la fois attrayant et de culture facile, s'adaptant à la plupart des situations et des natures de sol, rustique et de croissance pas trop rapide.

Il forme un cône étroit, ses branches courtes et d'abord tombantes se redressent à leur extrémité. Ses feuilles sont vert foncé dessus, marquées de deux lignes blanches à reflets argentés dessous, ses cônes ovoïdes nombreux ont une jolie teinte brun cannelle.

Dans son habitat naturel, c'est un arbre forestier, mais il peut être employé en sujets isolés, plantés en groupes ou encore servir à former des rideaux de grande taille en bordure des propriétés.

Picea orientalis.

Picea orientalis 'Aurea', *avec ses nouvelles pousses au début de l'été.*

Picea omorika 'Pendula'

M. 2 - 3 m   T.A. 15 - 20 m

Ce cultivar possède un feuillage semblable à celui du type, mais sa forme est plus étroite et ses branches plus retombantes. C'est un bel arbre de jardin qui, bien que long à établir et nécessitant des soins pour sa formation dans les premières années, est cependant un cultivar extrêmement utile et très décoratif.

Picea orientalis

G. 3 - 4 m   T.A. 25 - 30 m

Peut être, comme quelques autres conifères mentionnés dans cet ouvrage, la sapinette d'Orient est-elle parfois un trop grand arbre pour beaucoup de jardins; toutefois, il y a une place pour elle dans certaines situations. Elle forme un arbre largement conique bien garni de branches, celles de la base demeurant présentes jusqu'au voisinage du sol. Les feuilles vert foncé, très courtes et qui se chevauchent, donnent aux rameaux un aspect net et élégant. Les cônes, pourpres ou violacés lorsqu'ils sont jeunes, tournent au brun en mûrissant.

Picea orientalis 'Aurea'

M. 2 - 3 m   T.A. 8 - 10 m

Connu aussi sous le nom de Picca orientalis 'Aureospicata', ce cultivar est de croissance plus lente que le type spécifique. Ses pousses jaune crème, tournant au jaune doré au printemps, le rendent très séduisant, mais ce coloris passe graduellement au cours de l'été et les jeunes feuilles prennent la même teinte que le feuillage de la plante; cependant, dans certaines situations, elles conservent un léger reflet doré. Où il pousse bien et dans les situations ensoleillées qu'il affectionne, c'est un très beau cultivar.

Picea pungens

M 2,50–3 m T.A. 15–20 m
L'épicéa du Colorado est plutôt rare en culture, on lui préfère ses formes glauques, plus appréciées et plus répandues que lui.

Picea pungens 'Endtz'

M 1,50–2 m T.A. 10–15 m
Les pépiniéristes ont discuté et continuent de discuter pour désigner le plus bleu des épicéas du Colorado; il n'est pas question de prendre parti ici; cependant on peut dire que 'Endtz' égale les meilleurs. Il possède un port conique, dense, et de longues aiguilles qui se teintent de gris argenté en hiver. Le cultivar 'Hoopsii' en est voisin.

Picea pungens 'Glauca'

M 2–2,50 m T.A. 12–15 m
Les arbres vendus sous ce nom proviennent généralement de semis et leur coloration est assez variable; les plus glauques d'entre eux constituent d'excellentes plantes de bonne vigueur et mieux formées, plus régulières dès leurs premières années que les arbres obtenus par greffage. Les meilleurs de ces semis ont été sélectionnés par les pépiniéristes et sont à l'origine des cultivars dénommés qui sont maintenant propagés par bouturage ou par greffage.
Cependant l'engouement pour les épicéas du Colorado bleus est telle que les pépiniéristes n'en disposent pas en quantité suffisante, notamment en Grande-Bretagne. Les *P. pungens* 'Glauca' suppléent alors les cultivars dénommés de l'espèce; ils ont des branches étalées, raides couvertes de feuilles rigides, gris-bleu.
Tous ces conifères sont très rustiques et s'adaptent aux différentes conditions de sol et de climat, ils se plaisent bien dans les climats secs.

Picea pungens 'Endtz'.

Picea pungens 'Globosa'

N 40–50 cm T.A. 80 cm–1 m × 1–1,20 m
Buisson globuleux aplati et dense; de forme quelque peu irrégulière, bien glauque bleuté toute l'année.

Picea pungens 'Globosa'. *L'une des variétés de cette espèce à la croissance la plus lente.*

Picea pungens 'Prostrata'.

Picea pungens 'Koster'

M 1,50–2 m T.A. 10–15 m
C'est probablement l'épicéa bleu le plus connu et le plus répandu ; il est le premier des cultivars mis en culture et possède de la sorte un avantage peut être injuste sur ses rivaux. Ainsi qu'il a été indiqué précédemment, comme la plupart des cultivars de *P. pungens* il est obtenu par greffage ; il exige plusieurs années d'un patient travail de formation pour donner une flèche et se garnir convenablement sans présenter de déformations ou de faces.
Le 'Koster' prend alors une forme régulière élancée ; son feuillage d'un bleu tendre argenté après la pousse printanière conserve bien son coloris pendant l'hiver.

Picea pungens 'Prostrata'

N semi-prostré 60 cm × 2 m
T.A. 1 m × 3–4 m
Le nom de *P. pungens* 'Prostrata' recouvre plusieurs formes et peut être plusieurs cultivars à port plus ou moins prostré. Si une greffe est faite en utilisant comme greffon une pousse latérale au lieu d'une flèche et que la plante ne soit pas palissée pour redresser cette pousse, l'arbuste conserve un port étalé.
Souvent, les formes prostrées ou semi-prostrées sont ainsi élevées à partir des cultivars susmentionnés ; si on désire les maintenir sous cet aspect, toute tendance de l'arbuste à développer une flèche doit être arrêtée dès l'origine par une taille appropriée des pousses ascendantes.

Picea pungens 'Moerheimii', *de 12 ans, montrant la forme régulière de ce cultivar.*

Picea pungens 'Moerheimii'

M 1,50–2 m   T.A. 10–12 m
Autre cultivar intéressant, de forme conique, étroite et élancée, avec des branches courtes, étagées et des feuilles assez longues, glauques, mais moins bleues que celles de 'Endtz' et de 'Koster', conservant bien leur teinte en hiver. Plante d'un bel effet.

Une partie du jardin de rocaille, dans Longwood Gardens, Pennsylvanie, avec plusieurs exemplaires de conifères nains d'âge adulte.

Picea pungens 'Montgomery'

N 50 cm T.A. 1–1,50 m × 80 cm–1 m
Introduction des Etats-Unis où elle est très populaire; plante quelque peu semblable à 'Globosa', compacte, à croissance lente et à pousses annuelles longues de 5 à 6 cm; feuilles piquantes, gris-bleu, plus courtes sur les jeunes pousses que sur les rameaux plus âgés.

PINUS

Les pins forment un vaste genre comprenant un grand nombre d'espèces et de cultivars dont plusieurs ont une grande valeur ornementale. La plupart des espèces à forte végétation ont une forme conique ou arrondie lorsqu'elles sont jeunes, leur cime devenant globuleuse ou aplatie avec l'âge.

Les pins ont des feuilles en aiguilles réunies par deux, trois ou cinq dans une même gaine, elles sont par conséquent très différentes des feuilles de la plupart des autres conifères.

La forme des cônes varie depuis celle étroite et allongée du P. griffithii *jusqu'à celle large et arrondie du* P. pinea; *les cônes persistent sur l'arbre pendant deux ou trois ans quoique, généralement, les graines mûrissent la seconde année. Sur plusieurs espèces et cultivars, les pousses qui se produisent à la fin du printemps sont très attrayantes et parfois d'aspect curieux ou insolite. De même, à la fin de l'été, sur quelques espèces, les aiguilles des années antérieures tombent, de sorte que les rameaux se dégarnissent avec le temps, ne conservant leurs feuilles que vers l'extrémité. Ces pins acquièrent ainsi un aspect rude, sévère, parfois noueux qui donne un caractère particulier aux compositions paysagères.*

Il existe des pins pour la plupart des situations, certains se contentant de sols pauvres et secs dont peu d'autres arbres peuvent s'accommoder; toutefois, ils ont en commun de ne supporter ni les situations ombragées, ni les atmosphères polluées.

Pinus sylvestris *et* Pinus nigra *sont cultivés comme arbres forestiers alors que d'autres espèces et cultivars peu vigoureux conviennent pour l'ornementation des petits jardins et même des jardins de rocailles.*

Pinus sylvestris. Un magnifique spécimen de plus de 100 ans et au-dessous de lui, des arbres âgés d'une vingtaine d'années.

Pinus aristata.

Pinus aristata

N 1,50–2 m T.A. 3–4 m
On prétend que ce pin est l'un des plus vieux arbres vivants du monde. Il est originaire du sud-ouest des Etats-Unis, région où l'on a rencontré des sujets âgés de plus de 5000 ans. Il n'est pas très cultivé en Grande-Bretagne ni en Europe occidentale, mais il est assez répandu aux Etats-Unis.
Dans les plantations, il n'est souvent qu'un arbrisseau de croissance lente dont les feuilles vert glauque, réunies par 5 et appliquées contre les rameaux, sont curieusement marquées de taches blanches de résine. Ce caractère original ne peut toutefois être considéré comme spécialement attrayant.

Pinus ayacahuite.

Pinus ayacahuite

G 3 m T.A. 15–20 m
Le pin blanc du Mexique est une espèce très gracieuse qui rappelle quelque peu *Pinus griffithii;* comme lui, c'est un pin à cinq feuilles, à longues aiguilles pendantes, mais de teinte légèrement plus bleue. Ses longs cônes incurvés apparaissent déjà sur les jeunes sujets.
Alors qu'il réussit parfaitement dans les régions tempérées de Grande-Bretagne, il est rare en France où il ne vient bien que sous les climats océaniques et doux. Il aime les sols frais.

Pinus densiflora 'Umbraculifera', *de 5 ans avec ses nouvelles pousses de printemps.*

Pinus griffithii.

Pinus cembra. Une plante de 5 ans avec ses nouvelles pousses de printemps.

Pinus cembra

M 1–2 m T.A. 8–15 m

L'arolle est un pin de haute montagne; il croît jusqu'à la limite de la végétation forestière; il demeure alors nain, avec un port irrégulier. Ailleurs, il forme un cône régulier, garni jusqu'à la base d'un feuillage vert sombre extérieurement, bleuâtre argenté intérieurement, car les deux faces supérieures de ses feuilles trigones sont marquées de lignes glauques. Cônes dressés, violacés, puis bruns, renfermant des graines comestibles; jeunes pousses recouvertes d'un duvet brun-orangé caractéristique.

Pinus contorta

M 2–2,50 T.A. 5–6 m
Arbre moyen et souvent grand arbrisseau à feuilles contournées, réunies par 2, d'un coloris vert jaunâtre; branches tortueuses. Peu utilisé dans les jardins, il rend des services pour les plantations effectuées sur le littoral, dans les sols sablonneux, légers et sous des climats suffisamment humides. Il craint le calcaire.

Pinus densiflora

G 3–4 m T.A. 15–20 m
Ce pin à deux feuilles ressemble au pin sylvestre par son port et la couleur rougeâtre de son écorce. Son feuillage est vert glaucescent et sa cime se déprime avec l'âge.

Pinus densiflora 'Umbraculifera'

N 80 cm–1 m T.A. 3 m × 3 m
Arbuste de croissance lente, à branches dressées, formant une cime dense en forme de parasol. Joli conifère de jardin à feuillage vert foncé.

Pinus griffithii

G 3–4 m T.A. 20–25 m
Connu aussi sous le nom de *Pinus excelsa*, le pin de l'Himalaya est l'un des plus beaux de tous les pins; il forme une grande et large cime et conserve ses branches basses en situation ensoleillée. Ses aiguilles, groupées par cinq et d'une coloration vert clair glaucescent, sont longues, fines et pendantes, ce qui lui vaut le nom de pin pleureur de l'Himalaya qu'on lui attribue parfois. Les cônes longs et étroits sont pendants.
Tous les jardins n'offrent pas une place suffisante pour lui permettre d'atteindre son entier développement; néanmoins, il mérite d'être largement planté. Bien que tolérant un peu le calcaire, on ne doit pas le planter dans les sols maigres et calcaires, mais lui réserver une terre profonde et fraîche. Il peut souffrir des fortes gelées d'hiver et il aime l'humidité pendant l'été.

Pinus heldreichii 'Compacta Gem'

N 25 cm × 30 cm   T.A. 1,50 m × 1,50 m
Ce nom désigne une forme sélectionnée du pin de Bosnie, *Pinus heldreichii leucodermis,* qui possède un feuillage vert très foncé et un port dense et compact. On ne le trouve pas couramment dans les pépinières, malgré son intérêt. Le pin de Bosnie lui-même est de port variable, il a une croissance modérée et rend des services dans les sols pierreux et pauvres. Il n'est pas suffisamment connu et répandu dans les jardins.

Pinus heldreichii leucodermis, de 8 ans.

Pinus mugo

Le pin des montagnes est très variable de taille et de port. On le trouve généralement en culture sous l'aspect d'un arbuste moyen ou grand et à la végétation dense sous la dénomination de *P. mugo mughus*. On en a sélectionné des formes intéressantes qui ont donné naissance à autant de cultivars propagés par greffage.
Les jeunes pousses du pin mugo sont vert tendre, ses feuilles adultes réunies par deux sont vert foncé. C'est une plante de valeur parfaitement rustique qui s'adapte à la plupart des natures de sols et qui est tolérante au calcaire. Seuls les cultivars les plus nains sont recommandables dans les petits jardins.

Pinus mugo 'Gnom'

N 60 cm × 60 cm
T.A. 1,50–2 m × 1,50–2 m
C'est l'un des plus répandus parmi les cultivars nains du pin mugo; globuleux et compact, il a un coloris vert sombre. Il convient très bien pour l'ornementation des rocailles.

Pinus mugo pumilio

N 80 cm   T.A. 1,50–2 m × 2–3 m
Cette variété botanique est largement répandue dans les Alpes de l'Europe Centrale; elle forme un arbuste prostré à port étalé, sans flèche, à rameaux dressés. Plante de jardin intéressante.

Pinus mugo mughus

Pinus mugo 'Gnom'. *Un des meilleurs pins pour un jardin de rocaille.*

Pinus mugo pumilio. Une forme compacte sélectionnée.

Pinus nigra austriaca. Exemplaire de pin noir d'Autriche âgé de 10 ans environ.

Pinus nigra austriaca

G 2,50–3 m T.A. 20 m

Le pin noir d'Autriche devient un grand arbre, bien que les semis puissent donner des sujets différant notablement dans leur aspect et la rapidité de leur croissance.

C'est un arbre précieux pour les grands jardins, ainsi que pour constituer des brise-vent et pour planter en zone littorale. Le pin noir d'Autriche, plus que la plupart des autres pins, résiste aux mauvaises conditions de l'environnement, en particulier aux sols extrêmement calcaires.

Il est ornemental par son épais feuillage, dense, vert sombre; il a un port conique lorsqu'il est jeune et perd ses branches basses avec l'âge, prenant alors une forme arrondie ou en parasol. C'est une espèce forestière qu'on rencontre à l'état spontané dans les montagnes d'Autriche, de Yougoslavie, d'Italie et de Grèce.

Pinus nigra maritima. Un jeune exemplaire.

Pinus nigra 'Pygmaea'.

Pinus nigra 'Hornibrookiana'

N 50–60 cm × 60–75 cm
T.A. 1,50–2 m × 1,50–2 m
Séduisant conifère pour petits jardins ou jardins de rocailles.
Quelque peu étalé, avec des rameaux forts et dressés, il a une ramure compacte, vert foncé lustré.
Trouvé comme balai de sorcière sur un pin noir d'Autriche, à Rochester (N.Y.), aux Etats-Unis.

Pinus nigra maritima

G 3–4 m T.A. 25–30 m
Souvent désigné sous le nom de *Pinus nigra* var. *laricio*, le pin de Corse diffère du pin noir d'Autriche par son fût droit, ses branches s'étendant horizontalement, son port moins compact et son feuillage vert clair. De croissance plus rapide que le pin noir d'Autriche, s'adaptant bien aux sols siliceux ou calcaires, c'est un arbre forestier de valeur en même temps qu'un bel arbre d'ornement.

Pinus nigra 'Pygmaea'

N 50–60 cm T.A. 2–3 m
Ce cultivar, trouvé dans les hautes montagnes d'Italie, forme un buisson dense, arrondi ou légèrement aplati. Ses feuilles disposées par 2 sont légèrement contournées. D'un vert sombre et mat, il tourne au vert jaunâtre en hiver. Sa croissance est très lente.

Pinus parviflora de 8 ans, au début de l'été.

Pinus parviflora 'Glauca', *également de 8 ans.*

Pinus parviflora

M 2–2,50 m T.A. 6–8 m

Pin à cinq feuilles à port buissonnant, dont les feuilles courtes, curieusement frisées ou contournées, sont réunies à l'extrémité de courts rameaux à la façon des poils d'un pinceau; elles ont une teinte vert franc ou vert glauque, argentée en dessous, et persistent pendant quatre années. L'arbre en conserve une certaine densité.

Les cônes, souvent par groupes, demeurent vert bleuâtre jusqu'à leur maturité. Cette belle espèce mériterait une plus large place dans nos jardins.

Pinus parviflora 'Glauca'

M 2–2,50 m T.A. 6–8 m

Ce cultivar a un port plus dressé que l'espèce type, des feuilles un peu plus longues, courbées et contournées, d'un coloris glauque nettement plus accusé. Les jeunes exemplaires ont une cime claire, peu garnie et des branches disposées quelque peu irrégulièrement. Rustique, il aime les situations fraîches. Excellent cultivar qui conserve bien sa teinte bleuâtre tout l'hiver et donne beaucoup de distinction et d'élégance aux scènes paysagères.

Pinus ponderosa.

Pinus pinea. Exemplaire déjà âgé dans le cadre d'un jardin.

Pinus ponderosa

G 3,50–4 m T.A. 20–25 m
Cette espèce de pin à trois feuilles est originaire de la région des Montagnes Rocheuses; elle forme un grand arbre à port étroitement conique, avec une cime peu serrée et des branches étalées ou légèrement retombantes et des feuilles extrêmement longues, d'un beau vert, rassemblées en grand nombre à la partie supérieure des rameaux. Bel arbre imposant et d'une bonne rusticité, recommandable dans les grands jardins.

Pinus pinea

G 3–4 m T.A. 15–20 m
Connu sous les noms de pin pignon et de pin parasol, cette espèce évoque par sa silhouette les paysages du bassin méditerranéen d'où elle est originaire. Frileux dans sa jeunesse, plus résistant au froid dans l'âge adulte, il n'est cependant guère planté que sous le climat provençal chaud et lumineux et dans les secteurs les plus doux des Iles Britanniques. Ses feuilles réunies par deux sont d'un coloris vert franc et sa cime, d'abord arrondie, s'aplatit en parasol avec l'âge.

Pinus pumila. Spécimen âgé, en hiver.

Pinus pumila

N 60 cm × 1 m T.A. 2 m × 3 m
Connu en Grande-Bretagne sous le nom de pin nain de Sibérie, *Pinus pumila* se présente sous différents aspects, il est très difficile de le caractériser. Il forme un arbuste prostré, voisin des formes naines de *Pinus cembra* desquelles, il est souvent malaisé de le distinguer. Il forme un buisson dense arrondi ou déprimé, dont les feuilles, d'un joli vert, portent des lignes glauques sur la face intérieure.
Plusieurs cultivars de cette espèce ont été sélectionnés pour leur coloris bleu, notamment 'Dwarf Blue' qui est l'un des plus séduisants. L'espèce elle-même est une plante de valeur qui produit un excellent effet dans les jardins de bruyères.

Pinus strobus 'Nana' *de 6 ans, au printemps.*

Pinus strobus

G 4–5 m T.A. 25–30 m
Le pin Weymouth ou pin du Lord forme de vastes forêts dans le nord-est des Etats-Unis. Il croît rapidement et fait preuve d'une bonne rusticité; sa cime pyramidale à l'état jeune devient largement arrondie ou en parasol avec l'âge; ses feuilles réunies par cinq sont fines, relativement courtes et d'une jolie teinte vert clair, glaucescentes. Il préfère les sols suffisamment frais.
Très attrayant dans sa jeunesse, le pin du Lord devient trop grand pour beaucoup de jardins, mais il a produit quelques formes naines.

Pinus strobus 'Nana'

N 80 cm × 1 m T.A. 2 m × 2,5 m
Appelé aussi *P. strobus* 'Umbraculifera', ce pin forme un buisson serré, globuleux, légèrement déprimé,un peu plus large que haut,garni d'un feuillage dense, vert bleuté. Ce cultivar produit beaucoup d'effet.

Pinus sylvestris. Une jeune plante de 5 ans.

Pinus sylvestris

G 4–5 m T.A. 20–30 m
Le pin sylvestre nous est familier, car c'est une espèce indigène largement répandue en Europe où il résiste au froid, à la chaleur et dans les sols médiocres. Sa vitesse de croissance et son port sont quelque peu variables ; d'ordinaire, c'est un arbre de grande ou de moyenne taille, conique, puis à cime irrégulière et plus ou moins aplatie. L'écorce de son tronc est rougeâtre, surtout vers le sommet ; ses feuilles, réunies par deux et assez courtes, sont d'un coloris vert bleuâtre. Principale essence forestière d'Europe occidentale, le pin sylvestre ne se plait ni dans les sols mouillés et acides ni dans les sols trop secs et exagérément calcaires. Il a produit quelques cultivars horticoles dont quelques formes naines issues de balais de sorcière.

Pinus sylvestris 'Aurea'

M 1–1,50 m T.A. 5 m
Ce cultivar croît plus lentement que l'espèce et ne forme qu'un petit arbre aux jeunes pousses dorées dont les feuilles deviennent ensuite d'un vert jaunâtre indéfinissable pendant la période végétative et jaune clair bronzé en hiver; il est remarquable s'il se trouve placé en situation convenable, dans un jardin de bruyères ou contre un fond de verdure sombre.

Pinus sylvestris 'Aurea', *pendant l'hiver, présentant sa jolie teinte dorée.*

Pinus sylvestris 'Beuvronensis'

N 40 cm T.A. 1 m × 1,50 m
Le plus populaire des pins nains cultivés en Grande-Bretagne, couramment utilisé dans les jardins de rocailles. De végétation irrégulière, il forme une boule compacte à pousses étalées et dont les extrémités se relèvent. Ses feuilles très courtes ont un coloris vert bleuté. Plusieurs formes très voisines se rencontrent en culture et peuvent se confondre avec 'Beuvronensis'; ce sont toutes des plantes de valeur.

Pinus sylvestris 'Beuvronensis'.

Pinus sylvestris 'Watereri'.

Pinus sylvestris 'Watereri'. *Un exemplaire de 20 ans.*

Pinus sylvestris 'Watereri'

NM 1–1,50 m T.A. 3–5 m
Buisson de forte végétation, d'abord conique, puis arrondi avec l'âge; il devient parfois assez grand et il est intéressant par ses branches érigées et ses feuilles bleuâtres assez longues. Il est offert parfois sous le nom erroné de 'Pumila'. Il a été trouvé vers 1865; le pied originel toujours vivant atteint approximativement une hauteur de 7,50 m, à plus de 100 ans, il est vrai.

PODOCARPUS

Genre important d'arbres et d'arbustes à feuillage persistant dont les espèces nous viennent des régions tempérées chaudes ou tropicales de l'hémisphère sud; très peu d'espèces sont rustiques, même dans les régions les plus douces de Grande-Bretagne. Ce sont ordinairement des arbustes à croissance lente dont le feuillage ressemble à celui de l'if. P. acutifolius *de Nouvelle-Zélande, est assez rustique; il forme un buisson dense de taille moyenne, avec de longues feuilles à pointe vert bronzé.* P. alpinus, *du sud de l'Australie et de Tasmanie, se présente comme un arbuste tapissant et étalé; pour éviter que la plante paraisse dégingandée et pour la rendre plus dense, il faut raccourcir ses longues pousses.*

Podocarpus nivalis

N 50–60 cm   T.A. 1–1,50 m

Podocarpus nivalis est une des espèces de *Podocarpus* les plus remarquables pour les climats doux, c'est aussi l'une des plus rustiques et des plus accommodantes; en particulier, elle tolère les terrains calcaires. Elle se présente comme un arbuste très compact, à branches ascendantes et à port largement étalé, à feuilles abondantes, courtes et relativement larges, épaisses, coriaces, de coloris vert foncé. C'est une plante pittoresque pour l'ornementation des rocailles.

Il en existe en culture plusieurs formes qui diffèrent les unes des autres par le port et la rapidité de croissance.

L'espèce est originaire de Nouvelle-Zélande où elle a été recueillie dans les régions montagneuses.

Podocarpus nivalis. Cette petite plante a plus de 10 ans d'âge.

PSEUDOTSUGA

Ce petit genre comprend seulement cinq espèces. Il ressemble au genre Abies, *mais il possède des bourgeons plus petits, allongés et pointus comme ceux du hêtre commun et des cônes pendants. La plupart des espèces craignent le calcaire et prospèrent dans les sols frais, mais bien drainés.*

Pseudotsuga menziesii de 10 ans.

Pseudotsuga menziesii 'Fletcheri'. *Une des plus jolies variétés de conifères nains.*

Pseudotsuga menziesii

G 4–5 m T.A. 30–35 m

Le sapin de Douglas, originaire des régions côtières du nord-ouest des Etats-Unis, est un arbre géant dans son pays. Il pousse avec vigueur et forme une cime conique, légère, garnie de feuilles longues et fines, douces au toucher et d'un beau vert tendre. Essentiellement arbre forestier, le Douglas est un conifère de valeur dans les parcs où il atteint rapidement de grandes dimensions.

Il est également connu sous les noms de *Pseudotsuga douglasii* et de *Pseudotsuga taxifolia*.

Pseudotsuga menziesii 'Fletcheri'

N 60–80 cm T.A. 1,5–2 m × 3 m

Obtenu dans un semis de Douglas, ce cultivar nain est intéressant par sa forme en buisson arrondi, déprimé. Ses feuilles vert bleuté sont douces au toucher. Parmi les conifères de petite taille, il est tout à fait remarquable et mérite une plus large place dans nos jardins. *Pseudotsuga menziesii* et son cultivar 'Fletcheri' se chlorosent dans les sols calcaires, même faiblement.

Deux petits massifs de conifères et bruyères dans le jardin de M. Bloom à Bressingham. Toutes les plantations photographiées ici ont moins de 5 ans.

SCIADOPITYS

Sciadopitys verticillata

M 1–1,50 m T.A. 8–10 m
Cet arbre attrayant est la seule espèce du genre. Connu en Grande-Bretagne sous le nom de pin parasol du Japon, ce n'est pas un véritable pin, mais en raison de l'apparence analogue des deux genres on peut le prendre pour un pin si on le regarde rapidement. Il croît très lentement et devient éventuellement un arbre de taille moyenne.

Ses cladodes, tiges aplaties qui jouent le rôle de feuilles, ressemblent à des aiguilles de pin; elles sont réunies à l'extrémité des rameaux en rosettes qui en comprennent plus d'une vingtaine; elles sont vertes et lustrées. Le *Sciadopitys* craint le calcaire et prospère en sol acide, dans les situations fraîches.

Sciadopitys verticillata.

SEQUOIA

Une seule espèce représente ce genre bien connu sous le nom de «Californian Redwood». Cette espèce ne peut être considérée comme un arbre de jardin en raison des dimensions qu'il peut atteindre, mais aucun livre sur les conifères ne peut omettre de le mentionner.

Sequoia sempervirens 'Adpressa', *de 5 ans, pendant l'été.*

Sequoia sempervirens. Jeune plante dont la forme s'améliorera avec l'âge.

Sequoia sempervirens

G 5–6 m T.A. 40–50 m

Cet arbre, dans son aire naturelle des chaînes côtières de la Californie et de l'Orégon, dépasse 100 m de hauteur chez les sujets multiséculaires; en Europe, où il a été introduit vers 1840, ses dimensions sont plus modestes pour l'instant, bien que déjà imposantes. Son tronc droit et puissant est couvert d'une écorce spongieuse, brun rougeâtre, sa forme est conique avec des branches retombantes. Ses feuilles aplaties, linéaires ressemblent à de petites feuilles d'if, vert foncé dessus, blanchâtres dessous.

A Paris, il est souvent abîmé par les gelées d'hiver, un climat plus doux lui convient mieux; il aime les sols frais, peu calcaires, et les atmosphères humides.

Sequoia sempervirens 'Adpressa'

NM 1,50–2 m T.A. 6–10 m

Ce cultivar obtenu il y a presque un siècle, par A. Leroy, pépiniériste à Angers, semble identique à *S. sempervirens* 'Albospica' bien que ce dernier atteigne les dimensions d'un arbre moyen. *S. sempervirens* 'Adpressa' est de croissance très lente pendant quelques années; s'il a tendance à produire ensuite quelques fortes branches principales, leur suppression régulière lui donne la forme d'un buisson dense, avec des pousses à extrémité blanc crème.

Il n'y a pas d'inconvénient à tailler sévèrement *S. sempervirens* et ses cultivars qui ont la particularité de repercer vigoureusement sur le vieux bois. Ainsi traité, 'Adpressa' est un très beau conifère en été; si on ne le taille pas, il devient un arbre moyen, souvent à plusieurs flèches, et d'aspect désordonné, il perd une partie de son attrait.

SEQUOIADENDRON

Ce genre est également représenté par une seule espèce : Sequoiadendron giganteum, *couramment connue en Grande-Bretagne sous le nom de Wellingtonia. Elle est originaire de Californie, de zones voisines de celles du* Sequoia sempervirens, *mais pousse à des altitudes de 1400 à 2400 mètres alors que ce dernier ne dépasse guère 900 mètres. Elle est remarquable par ses énormes dimensions. Le* Sequoiadendron *diffère du* Sequoia *par ses feuilles en alène et son port largement conique, très régulier lorsqu'il est jeune. Ses feuilles sont vert bleuté et non vert foncé.*

Sequoiadendron giganteum, de 10 ans.

Sequoiadendron giganteum

G 5–6 m T.A. 40–50 m

Les noms communs anglais de 'Big tree' (grand arbre) et de 'Mammoth tree' (arbre colossal) sont évocateurs et désignent avec pertinence l'arbre le plus volumineux actuellement vivant car, si sa hauteur n'atteint pas celle de *Sequoia sempervirens*, la grosseur de son tronc est beaucoup plus considérable ; il en existe aussi des exemplaires plus âgés, 3200 ans environ, soit presque 1000 ans de plus que l'espèce précédente.

Jeune, l'arbre a une ramure dense, mais avec l'âge la partie inférieure du tronc se découvre ; l'écorce d'une couleur brun rougeâtre est épaisse et très spongieuse.

En Grande-Bretagne, il est largement planté dans les grands jardins et dans les propriétés rurales, c'est un des arbres qui est devenu fort à la mode depuis la première guerre mondiale. On en voit beaucoup de 20 m de hauteur et plus. Toutefois, il atteint des dimensions trop grandes pour les petits jardins. L'arbre exerce une certaine fascination en raison de sa haute taille et de sa grosseur ; il est aussi très intéressant par sa forme architecturale et rend des services en art paysager lorsque la place ne fait pas défaut.

TAXODIUM

Ce genre est très voisin de Glyptostrobus *mais il est originaire du sud-est des Etats-Unis et du Mexique et non de Chine. Il comprend des arbres à feuillage caduc et à branches érigées ou étalées. Le feuillage, semblable à des frondes de fougères, communique aux arbres un aspect gracieux. Ceux-ci, très accommodants, réussissent particulièrement bien dans les sols frais ou marécageux mais n'aiment pas le calcaire en proportion importante dans le sol.*

Taxodium distichum, de 15 ans.

Taxodium distichum

G 3,5–4 m T.A. 25–30 m
Le cyprès chauve ou cyprès de la Louisiane est le plus répandu des *Taxodium*; il forme un tronc puissant, recouvert d'une écorce brun rougeâtre; ses feuilles, d'un joli vert tendre, tournent au jaune bronzé en automne, avant leur chute. C'est probablement le meilleur conifère pour les terres humides, il prospère cependant dans toutes les situations par trop sèches. Son habitat naturel est le bord des rivières et les marais de Floride et des états voisins; les racines des forts spécimens développent au-dessus du sol des protubérances très curieuses, en forme de genou.

TAXUS

Les ifs ont été beaucoup calomniés, en Grande-Bretagne, au cours des dernières années, car ils évoquent pour nombre de personnes le souvenir de vieux jardins de campagne et de cimetières. En fait, il y a peu de conifères aussi utiles pour nos jardins, d'une rusticité aussi parfaite, s'accommodant de toutes les conditions, prospérant dans les sols crayeux et supportant bien l'ombre.

Les ifs sont employés avec d'excellents résultats dans les jardins et pour l'ornement des sites, aux Etats-Unis; il devrait en être de même dans d'autres pays. Ces plantes présentent une grande variété de formes, de tailles et de beaux cultivars à feuilles dorées; elles forment de belles haies, aisées à tailler. Toutes requièrent des sols sains et sont d'une reprise souvent capricieuse à la plantation.

Taxus baccata

Espèce indigène, l'if commun forme un grand arbrisseau et même un petit arbre avec l'âge; il croît lentement et il est variable d'aspect. Il porte de petites feuilles vert sombre et des fruits rouges.

Taxus baccata 'Adpressa Variegata'

N 30–40 cm T.A. 1,50–2 m × 1–1,50 m
Cultivar poussant très lentement; ses petites feuilles, jaune doré sur les jeunes pousses, deviennent ensuite jaune pâle avec une ligne verte au centre. Forme intéressante, conservant sa belle coloration pendant l'hiver. Souvent étiquetée et vendue sous le nom de 'Adpressa Aurea'.

Taxus baccata 'Dovastonii Aurea'

NM 1 m × 1,50–2 m T.A. 3–4 m × 3–4 m
Arbrisseau largement étalé, cette forme dorée de 'Dovastoniana' a, comme lui, des branches étalées horizontalement par étages et des rameaux retombants. Il arrive souvent que cette plante perd sa flèche ou n'en développe pas, elle prend alors l'aspect que montre la photographie ci-contre d'un buisson plus large que haut; ses grandes feuilles sont marginées de jaune d'or et bien différentes de celles du toujours doré 'Semperaurea'.

Taxus baccata 'Elegantissima'

N 1 m T.A. 3–5 m
Cultivar de croissance lente, compact, à branches érigées, dont les jeunes feuilles jaunes, deviennent ensuite blanchâtres, puis verdâtres, la bordure de la feuille seulement restant dorée. Cette forme est populaire en Grande-Bretagne.

Taxus baccata 'Dovastonii Aurea', *de 10 ans.*

Taxus baccata

Taxus baccata 'Fastigiata' *de 10 ans.*

Taxus baccata 'Fastigiata Aurea'.
Pour éviter les dégâts causés par la neige, il est souvent nécessaire d'attacher les branches des spécimens âgés, tel que celui-ci.

Taxus baccata 'Fastigiata Aurea'

M 1,50–2 m T.A. 4–5 m
Cette forme dorée de l'if d'Irlande est une très belle plante de jardin; de même vigueur et de même aspect que lui, il a des feuilles vert foncé avec une bordure dorée qui prédomine en période de nouvelle pousse. En situation ensoleillée, la teinte d'hiver est vieil or. 'Standishii' est un cultivar voisin, plus petit et sensiblement plus doré toute l'année.

Taxus baccata 'Repandens'

N 40 cm × 1–1,50 m T.A. 50 cm × 2–3 m
Ce cultivar, qui s'étend largement, est très utile comme couvre-sol; il a de longues branches prostrées, des ramilles retombant à leur extrémité et des feuilles d'un vert sombre brillant. Très accommodant, il supporte une ombre épaisse comme le plein soleil. Une forme panachée de jaune, 'Repens Aurea', devrait se répandre lorsqu'elle sera mieux connue.

Taxus baccata 'Repandens'.

Taxus baccata 'Semperaurea'

N 75 cm × 1 m T.A. 2 m × 2–2,50 m
Le nom commun américain de cette plante: if anglais toujours doré, la décrit avec pertinence. C'est sans aucun doute le plus doré des ifs; il forme un buisson largement étalé avec une ou plusieurs principales branches à demi érigées et des rameaux nombreux, lui donnant un port compact et bien garni. Sa couleur dorée est surtout intense quand les jeunes pousses apparaissent à la fin du printemps; il conserve bien son joli coloris tout au long de l'année.

Taxus baccata 'Semperaurea', *avec ses nouvelles pousses en été.*

Taxus cuspidata

L'if du Japon n'est pas très répandu en Grande-Bretagne, mais il est largement planté, ainsi que ses formes, aux Etats-Unis où l'on apprécie sa très grande rusticité. Quoiqu'il devienne un arbre moyen, il est arbustif en culture; ses feuilles se distinguent de celles de l'if commun par leur épaisseur et leur largeur et par leur coloris brillant, moins sombre; son port est généralement étalé, buissonnant. Un grand nombre de ses cultivars ont été introduits dont on peut mentionner les plus intéressants et les plus répandus:
'Capitata', arbrisseau conique, de taille moyenne à branches érigées, à planter en sujets isolés pour les mettre en valeur.
'Densa', appelé if japonais en coussin, dans les catalogues américains, en raison de la forme plus large que haute de cet if nain à la ramure épaisse et dense, vert sombre.
'Nana' lui est semblable, mais avec un port moins régulier et des feuilles d'un vert plus foncé.

Taxus cuspidata 'Nana'. *Les rameaux les plus longs peuvent être éventuellement taillés de temps en temps.*

Taxus x media 'Hicksii'.

Taxus x media

Cet if est l'hybride entre *Taxus baccata* et *Taxus cuspidata,* obtenu, vers 1900, au Hunnewell Pinetum, Wellesley (Massachusetts) aux Etats-Unis. Comme on peut le prévoir, son port est intermédiaire entre celui de ses parents; il forme un arbrisseau étalé de moyenne ou de grande taille.

Il en existe plusieurs formes, en culture, aux Etats-Unis où elles sont très populaires en raison de leur rusticité, de leur vigueur et de leur plasticité:

'Brownii' constitue une colonne compacte, aussi large que haute; ses branches semi-érigées portent des rameaux denses et serrés et des feuilles vert foncé.

'Hatfieldii' est un excellent cultivar pour haies, formant un buisson dense, vert foncé; de croissance modérée, ses branches érigées lui donnent un aspect conique étroit avec l'âge.

'Hicksii' est semblable au précédent avec toutefois un port moins compact; il convient aussi pour l'établissement de haies; il est de plus en plus utilisé en Grande-Bretagne, pour cet usage. Tous les ifs supportent parfaitement tailles et tontes; aux Etats-Unis, beaucoup de pépiniéristes ont l'habitude d'améliorer leur aspect par des tontes répetées. Ils deviennent alors des plantes très attrayantes bien qu'ils n'aient plus absolument leur port naturel.

THUJA

Thuja occidentalis 'Holmstrup', *de 10 ans.*

Ce petit genre a produit quelques excellentes plantes de jardins. A plusieurs égards, elles ressemblent aux Chamaecyparis, *formant des arbrisseaux ou des arbres de port surtout conique. Le fait que nombre de cultivars d'aspect similaire sont couramment cultivés a engendré les mêmes problèmes que ceux qui se produisent pour les* Chamaecyparis.
Trois espèces : Thuja occidentalis, Thuja orientalis *et* Thuja plicata, *nous ont donné des formes précieuses qui ont en commun les caractères de ramilles aplaties et de feuilles en écailles se chevauchant; deux espèces possèdent un feuillage qui, lorsqu'on le froisse, dégage une odeur aromatique particulière* (T. plicata *et* T. occidentalis).
Les Thuja *s'adaptent à la plupart des sols, à l'exception des terres marécageuses ou mal drainées. De tous, c'est le* Thuja orientalis *qui montre la moins grande rusticité, bien que tous trois soient rustiques en France et en Grande-Bretagne.*
Ils font d'excellentes haies grâce à leur faculté de supporter aisément les tailles et les tontes périodiques.
Le nombre considérable de formes de Thuja, *de couleurs et de tailles variées, en font un genre d'une valeur inestimable pour l'ornementation de tous les jardins.*

Thuja occidentalis

M 2,5–3 m T.A. 10–12 m
Le thuya du Canada, originaire du nord-est des Etats-Unis, est quelque peu variable comme aspect dans la nature; d'ordinaire, il forme une colonne atteignant parfois une quinzaine de mètres de hauteur, les branches sont érigées, les feuilles écailleuses sont vert mat à la face supérieure, vert pâle en dessous, elles prennent une teinte bronzée ou brune, parfois disgracieuse, durant l'hiver. Lorsqu'on les froisse, elles dégagent une odeur caractéristique, voisine de celle de *T. plicata,* plus ou moins agréable selon l'appréciation de chacun. De tous les *Thuja,* c'est le plus rustique, il est conseillé pour faire des haies dans les régions à hivers rigoureux, en remplacement du *T. plicata* qui donne cependant de plus belles haies.
Il a produit un grand nombre de cultivars grands, moyens ou nains et à croissance lente.

Thuja occidentalis 'Hetz Midget'

N 25–30 cm T.A. 50–60 cm × 60–75 cm
Arbuste globuleux et de croissance très lente, 2 à 3 cm par an seulement, branches fortes, feuillage vert franc. Introduction américaine de valeur pour les jardins de rocailles ou les jardins miniature.

Thuja occidentalis 'Lutea Nana', *de 5 ans en été.*

Thuja occidentalis 'Lutescens'. *Le feuillage de ce cultivar prend, pendant l'hiver, un joli ton blanc-crème.*

Thuja occidentalis 'Holmstrup'

NM 1–1,50 m   T.A. 3–4 m
Ce cultivar forme un buisson conique, soigné et élégant, avec un feuillage serré, d'un joli vert, changeant à peine de couleur sauf pendant les hivers très froids où il bronze légèrement. Recommandé parfois pour faire des haies en dépit de sa faible vigueur.

Thuja occidentalis 'Lutea Nana'

NM 1–1,50 m   T.A. 3–4 m
Quoique de croissance plus lente que 'Lutea', il ne parait pas demeurer nain très longtemps. C'est un excellent cultivar, presque plus doré en hiver qu'en été. On l'a comparé à 'Rheingold'; il en diffère par son port plus érigé, l'absence de feuillage juvénile et une teinte beaucoup plus dorée. Il deviendra certainement une plante populaire dans l'avenir.

Thuja occidentalis 'Lutescens'

NM 1–2 m   T.A. 4–5 m
Connu aussi sous le nom de 'Wareana Lutescens', cet excellent cultivar se répandra certainement lorsqu'il sera mieux connu; son obtention remonte cependant à 1884! Il forme un arbuste conique de petite ou de moyenne taille, compact, à ramules aplatis, d'un coloris vert jaunâtre pâle en été, tournant au blanc crème nuancé de vert pendant la mauvaise saison. Cette teinte délicate est très caractéristique de la plante.

Thuja occidentalis 'Pyramidalis Compacta'

M 2–2,50 m T.A. 5–6 m
Ce cultivar forme un arbre régulier, étroitement conique, avec des branches érigées courtes et serrées et un feuillage vert franc, brunâtre en hiver. Le plus cultivé aux Etats-Unis. Le *T. occidentalis* 'Nigra', plus large à la base, a un coloris plus foncé qui varie peu au cours de l'année. Tous deux conviennent pour faire des haies.

Thuja occidentalis 'Recurva Nana'

N 25–30 cm T.A. 1 m × 1,50 m
Plante qui rend service dans les jardins de rocailles; elle forme un buisson arrondi, déprimé au sommet, avec des branches érigées et des branches étalées; les ramilles sont curieusement recourbées et d'une couleur vert clair qui tourne au bronze en hiver.

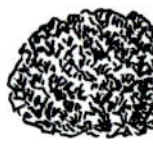

Thuja occidentalis 'Rheingold'

N 1–1,20 m T.A. 2–2,50 m

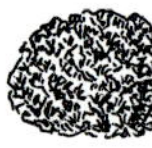

Il existe deux formes de ce cultivar populaire: celle qui est obtenue en propageant la plante à l'aide de rameaux portant le feuillage juvénile, elle constitue un buisson très nain, arrondi et compact, et celle qui est obtenue par l'utilisation de boutures prélevées sur des parties adultes de la plante, elle a un port conique et léger. Avec le temps, les buissons juvéniles globuleux produisent des rameaux portant le feuillage adulte et acquièrent le port conique et l'aspect de la seconde forme. La photographie ci-contre montre clairement les deux types de feuillage.
De toute façon, 'Rheingold' est un des meilleurs conifères de jardin; vieil or en été, il devient d'un riche jaune cuivré en hiver. Il est remarquable dans les jardins de bruyères par le contraste qu'il offre avec la floraison hivernale de plusieurs espèces de ces charmants arbustes nains.

Thuja occidentalis 'Pyramidalis Compacta'. *Excellente plante pour haies.*

Thuja occidentalis 'Rheingold' *de 8 ans.*

Thuja occidentalis 'Smaragd'.

Thuja occidentalis 'Woodwardii'.

Thuja occidentalis 'Smaragd'

M 2 m T.A. 5–6 m
Ce cultivar a été obtenu au Danemark ce qui explique son nom étrange et quelque peu difficile à retenir ; en France, les pépiniéristes le connaissent et le désignent sous le nom de *Thuya occidentalis* 'Emeraude'. Il a un port pyramidal régulier et compact et un feuillage vert tendre ; il conserve le brillant coloris de ses feuilles pendant l'hiver. Il convient parfaitement pour constituer des haies.

Thuja occidentalis 'Woodwardii'

N 50–60 cm T.A. 1–1,50 m × 1,50–2 m
Cultivar robuste d'un riche coloris vert foncé toute l'année; il forme un buisson globuleux, dense avec des rameaux aplatis selon des plans verticaux. Sa forme arrondie, régulière se maintient sans aucune taille; il est très apprécié dans certaines régions en raison de son extrême rusticité et pour constituer des bordures de moyenne ou de petite dimensions.

Thuja orientalis

M 2–2,50 m T.A. 8–10 m
Le Thuya de Chine a été considéré autrefois comme un genre distinct sous le nom de *Biota* auquel se réfèrent encore quelques livres ou catalogues de pépiniéristes. C'est un arbrisseau arrondi ou un petit arbre conique aux branches érigées, aux rameaux aplatis dans des plans verticaux, portant de petites feuilles vertes, concolores. Lorsqu'ils sont froissés, ces rameaux ont une odeur aromatique beaucoup moins prononcée que celle des deux autres espèces de *Thuja*. Ses cônes, relativement gros pour un thuya, ont leur écailles munies d'un mucron caractéristique. Il supporte parfaitement le calcaire, mais pas l'humidité excessive.

Thuja orientalis 'Conspicua', *de 5 ans, au début de l'été.*

Thuja orientalis 'Elegantissima'.

Thuja orientalis 'Aurea Nana'. *Bel exemplaire, ayant plus de 10 ans d'âge.*

Thuja orientalis 'Aurea Nana'

N 60–70 cm T.A. 1,50–2 m
La forme normalement élevée sous ce nom constitue une plante arrondie, bien garnie de feuillage, dorée en été, bronzée en hiver. Ses rameaux érigés, aplatis selon des plans verticaux, donnent à l'arbuste un aspect à la fois compact et élégant.
Elle est connue aux Etats-Unis sous la dénomination de *T. orientalis* 'Berkmannii', nom qui avait malheureusement été attribué à l'origine à *T. orientalis* 'Conspicua'. Il y a tant de formes dorées du Thuya de Chine que de telles confusions sont inévitables. La plante représentée et décrite ici est généralement acceptée sous le nom de 'Aurea Nana'; c'est l'un des meilleurs conifères de jardins, il serait certainement inclus parmi les dix premiers en Grande-Bretagne.

Thuja orientalis 'Conspicua'

M 2 m T.A. 4–5 m
Ce cultivar peut se comparer très favorablement avec les cultivars dorés de *Chamaecyparis lawsoniana*. Il y a une croissance modérée et un feuillage doré qui conserve son coloris mieux que tout autre cultivar de *Thuja orientalis*; il diffère de 'Aurea Nana' par sa forme plus élancée, étroite et par ses rameaux moins distinctement disposés dans des plans verticaux.

Thuja orientalis 'Elegantissima'

M 1,50–2 m T.A. 4–5 m
Autre forme dorée, plus en colonne que 'Conspicua' dont elle diffère en outre par sa croissance un peu plus lente, son feuillage plus compact et de coloris vieil or qui passe progressivement au vert jaunâtre, puis au vert bronzé, en hiver. Un joli cultivar.

Thuja orientalis 'Juniperoides'

N 40–50 cm T.A. 80 cm–1 m
Connue aussi sous le nom de *T. orientalis* 'Decussata', cette plante est une forme juvénile, de port en colonne, compact, aux branches nombreuses et aux rameaux érigés et fournis, portant des feuilles en alène, longues, vert grisâtre tournant au pourpre en hiver. Malheureusement, ce cultivar tend à s'élargir avec l'âge, il est facilement endommagé par la neige. C'est le moins rustique des thuyas; il faut lui réserver une situation abritée.

Thuja orientalis 'Rosedalis Compacta'

N 40–50 cm T.A. 80 cm–1 m
C'est probablement la forme juvénile la plus populaire de l'espèce; elle est distincte en ce qu'elle change de couleur trois fois par an. En hiver, elle est brun pourpre, elle devient jaune beurre au printemps, puis vert tendre un peu glauque pendant l'été. Le feuillage très doux ainsi que le coloris changeant distingue ce cultivar d'une autre forme juvénile: 'Meldensis'.

Thuja orientalis 'Rosedalis Compacta', *de 5 ans, pendant l'été.*

Thuja plicata

G 4–5 m T.A. 30 m
Le thuya géant est un des arbres forestiers les plus importants d'Amérique du Nord où on le rencontre depuis la Californie jusqu'au sud de l'Alaska ; il a aussi une grande valeur ornementale, il est largement employé en haies et pour faire des écrans. Introduit en Grande-Bretagne en 1853, par Lobb, il est souvent désigné sous le nom incorrect de *Thuja lobbii*. C'est un arbre de croissance rapide, à port pyramidal, dont l'écorce brun rougeâtre se détache du tronc par lambeaux. Les feuilles, portées par des grands rameaux aplatis, sont d'un joli vert foncé, luisantes dessus et marquées de blanc dessous, elles dégagent une forte odeur caractéristique lorsqu'on les froisse. L'espèce s'adapte à presque tous les sols, même calcaires ; elle forme d'excellentes haies car elle supporte bien les tontes et repousse aisément sur le vieux bois. Elle a fourni quelques cultivars intéressants.

Thuja plicata 'Atrovirens', *excellent conifère pour haies.*

Thuja plicata 'Atrovirens'

G 4–5 m T.A. 30 m
Cette forme sélectionnée du thuya géant diffère du type spécifique par son feuillage vert foncé vernissé et son port conique, moins élargi de la base. Elle est très employée pour faire des haies.

Thuja plicata de 10 ans.

Thuja plicata 'Rogersii'

N 30–40 cm T.A. 1 m
Un des meilleurs conifères nains en raison de son port compact, élégant et de son joli coloris qu'il conserve toute l'année. L'intérieur de l'arbuste est vert foncé et l'extrémité des pousses or bronzé. De forme naturellement globulaire, il développe occasionnellement de fortes pousses qui lui donnent alors un port plus pyramidal.

Thuja plicata 'Stoneham Gold' *de 5 ans.*

Thuja plicata 'Zebrina'.

Thuja plicata 'Rogersii'. *Cet exemplaire a plus de 15 ans d'âge.*

Thuja plicata 'Stoneham Gold'

N 50–60 cm T.A. 1,50–2 m
Peu connu jusqu'à présent, mais promettant d'être l'un des meilleurs conifères nains et dorés; il forme un large buisson d'abord irrégulier, puis conique, à branches érigées. L'intérieur de la plante est vert noirâtre et l'extérieur d'un magnifique jaune orangé, teinté de bronze à l'extrémité des pousses. L'effet produit par ces deux tonalités est remarquable et se maintient bien durant l'hiver. Cultivar de grande valeur décorative.

Thuja plicata 'Zebrina'

G 3–4 m T.A. 15–20 m
De croissance un peu plus lente que l'espèce type, cette variété est intéressante en raison de son feuillage vert clair, rayé de bandes jaune verdâtre. Au début de l'été, il est particulièrement joli, car l'ensemble de la plante revêt un coloris doré sur un fond vert moins prononcé. Eventuellement, il devient un grand arbre ; aussi, convient-il de lui laisser un emplacement suffisant pour qu'il puisse acquérir tout son développement.

Thujopsis dolabrata ayant plus de 15 ans.

THUJOPSIS

Thujopsis dolabrata

M 1,50–2 m T.A. 5–8 m
Le genre *Thujopsis*, très voisin du genre *Thuja*, comprend une seule espèce, *T. dolabrata* qui n'a produit qu'un petit nombre de cultivars. Il constitue un petit arbre en culture alors que dans son habitat naturel il atteint 35 m de hauteur.

De croissance modérée, cette espèce diffère du *Thuja plicata* par ses rameaux très aplatis, larges et ses plus grandes feuilles vert foncé dessus et blanc argenté dessous; il forme un cône à base large. Il en existe une forme 'Aurea', panachée de jaune, et une forme 'Nana', en buisson étalé, déprimé au sommet, ne dépassant pas un mètre de hauteur.

TSUGA

Les Tsuga *comprennent une dizaine d'espèces d'arbres de moyenne ou grande taille, d'un port largement conique; leur feuillage ressemble à celui de l'if, mais il est plus fin et les pousses arquées à leur extrémité leur communiquent un aspect gracieux et élégant. Leurs cônes minuscules sont pendants.*

Ils prospèrent dans les sols humides, mais bien drainés, et tolèrent l'ombrage; ils supportent mal le calcaire.

Tsuga canadensis 'Benett'. *Une des plus jolies variétés de Tsuga nains.*

Tsuga canadensis

M 2–2,50 m T.A. 10–12 m
Le tsuga du Canada, répandu surtout dans le nord-est des Etats-Unis, est un arbre forestier important qui demeure le plus souvent, en Europe occidentale, un arbrisseau ou un petit arbre, conique, plus ou moins irrégulier. Il a de petites feuilles étroites, vert franc, marquées de deux bandes blanches dessous; ses branches ordinairement fourchues à leur base le distinguent d'une espèce voisine, *Tsuga heterophylla*.

Il en a été introduit plusieurs formes en culture, aux Etats-Unis; quelques unes d'entre elles ne sont pas encore connues en Europe occidentale, mais elles semblent y avoir un avenir lorsqu'elles y seront plus largement disponibles. Il y a au moins un spécialiste en Grande-Bretagne qui en offre une large sélection. Beaucoup de ces cultivars ont un port analogue, surtout dans leur jeunesse, une brève mention est faite ici des formes les plus caractéristiques.

Tsuga canadensis.

Tsuga canadensis 'Bennett'

N 30 cm × 60 cm T.A. 1 m × 2–2,50 m
Cultivar formant un buisson à demi-prostré, d'un joli vert. Son branchage est compact et ses pousses retombent gracieusement à leur extrémité.

L'aspect élégant et particulier de ce cultivar ajoute un élément supplémentaire à la gamme des conifères de jardins. La forme voisine 'Fantana' n'est pas aussi naine.

'Albospica' est de croissance plus lente, il est plus compact que l'espèce, avec des pousses blanc crème, particulièrement attrayantes au printemps et en été.

'Colé', prostré et à croissance très lente, couvre le sol étroitement; il fait beaucoup d'effet, conduit sur un gros rocher.

'Horsford' forme un petit buisson serré régulier. Un joyau pour les amateurs de conifères nains.

Tsuga canadensis 'Pendula'

N prostré. 30–40 cm × 80 cm–1 m
T.A. 2–3 m × 5–6 m
C'est le cultivar le plus répandu de l'espèce. Il constitue un arbuste bas, plus large que haut, devenant parfois très étendu, avec des rameaux retombants, se chevauchant les uns les autres. On peut en voir des exemplaires qui ont été tuteurés jusqu'à une certaine hauteur et dont les branches retombent en cascade jusqu'au sol. Le spécimen le plus remarquable dans une grande rocaille peut être admiré dans les jardins de la Royal Horticultural Society, à Wisley (G.-B.). Pour cet emploi, c'est la plante la plus remarquable qui soit.

Tsuga heterophylla

G 4–5 m T.A. 20–25 m
Cette espèce donne de plus grands arbres que la précédente, avec le même port gracieux. Elle est cependant trop grande pour être utilisée dans tous les jardins; elle ne convient que pour les plus grands où elle constitue de magnifiques spécimens. Arbre forestier important de l'ouest des Etats-Unis, le *Tsuga héterophylla* est utilisé aussi dans ce but en Grande-Bretagne et en Europe occidentale, lorsque les conditions lui sont propices: sols profonds, non calcaires et atmosphère humide.

Tsuga canadensis 'Pendula'. *Cet exemplaire a 6 ans environ.*

FEUILLAGES

de quelques espèces et cultivars de conifères

1. *Abies nordmanniana.*
2. *Abies pinsapo.*
3. *Cedrus atlantica.*
4. *Chamaecyparis lawsoniana* 'Alumii'.

1

3

2

4

5. *Chamaecyparis lawsoniana* 'Stewartii'.
6. *Juniperus x media* 'Pfitzeriana Aurea'.

7. *Juniperus sabina*.
8. *Juniperus chinensis* 'Pyramidalis'.

5

7

6

8

FEUILLAGES

(suite)

9. *Libocedrus decurrens.*
10. *Pinus mugo.*

11. *Picea pungens.*
12. *Picea orientalis.*

9

11

10

12

13. *Taxus baccata.*

14. *Thuja occidentalis.*

15. *Une belle sélection de cônes. Les fruits des conifères sont souvent un élément de beauté supplémentaire pour de nombreuses espèces.*

1. *Pinus pinaster*
2. *Pseudotsuga menziesii*
3. *Pinus monticola*
4. *Pinus leucodermis*
5. *Picea abies*
6. *Pinus sylvestris*
7. *Cupressus sempervirens*
8. *Picea abies* (apprécié par les écureuils)
9. *Pinus sylvestris*
10. *Pinus radiata*
11. *Pinus strobus*
12. *Cedrus libani, atlantica* ou *deodara*
13. *Pinus griffithii*
14. *Pinus contorta*
15. *Pinus nigra maritima*

15.

Deux vues en couleurs de conifères et de bruyères dans le jardin de Foxhollow Windlesham, Surrey

INDEX

Synonymes voir page 22

Printed in France.

EDITIONS FLORAISSE - achevé d'imprimer à l'imprimerie Raffy
2e édition - Dépôt légal n° 268 - III/1974